M Ransauer

Dr. Joseph Fessler, Bischof von St. Pölten,

Secritär des allgem. Vatican. Conzils

M Ransauer

Dr. Joseph Fessler, Bischof von St. Pölten,
Secritär des allgem. Vatican. Conzils

ISBN/EAN: 9783744620000

Hergestellt in Europa, USA, Kanada, Australien, Japan

Cover: Foto ©ninafisch / pixelio.de

Weitere Bücher finden Sie auf **www.hansebooks.com**

Deutschlands Episcopat
in Lebensbildern.

IV. Band. IV. Heft.   Ganze Sammlung XXII. Heft.

Dr. Joseph Feßler,

Bischof von St. Pölten,

Secretär des allgem. Vatican. Conzils.

Von

M. Ransauer,

Spiritual am bischöfl. Clerical=Seminar zu St. Pölten, gewes. Secretär desselben.

Würzburg 1875.

Leo Woerl'sche Buch= und kirchl. Kunstverlagshandlung.

Motto: "Die Lehre der Weisheit ist wie ihr Name, und Wenigen bekannt; wem sie aber bekannt ist, bei dem wird sie bleiben bis zur Anschauung Gottes." Eccli. 6, 23.

I. Kindheit und Studienzeit.

Das Ländchen Vorarlberg hat der Kirche Gottes schon mehrere große und berühmte Männer gegeben. Bischof Feßler, dessen Name in allen Welttheilen durch das letzte allgemeine Concil bekannt geworden ist, stammte ebenfalls aus Vorarlberg. Sein Geburtsort ist ein einsames, aber recht malerisch gelegenes Bauernhaus unweit Lochau im Bregenzer Bezirk. Dieses Bauerngehöfte befindet sich schon durch eine Reihe von Jahren im Besitze der Familie Feßler, in der sich auf gleiche Weise Gottesfurcht und Frömmigkeit vererbte. Das „Reutele", so nennt man das Haus sammt seinen Liegenschaften, erlangte ein ganz besonderes Unterpfand des himmlischen Segens, als daselbst der edelste Sprosse des Geschlechtes Feßler geboren ward. Es war am 2. Dezember 1813, daß die jugendlichen und gottesfürchtigen Eheleute Gebhard und Genovefa Feßler durch die Geburt des ersten Kindes ihrer glücklichen Ehe erfreut wurden. Hätten sie erst gewußt, was aus diesem Kinde werden wird, dem sie in der hl. Taufe den Namen Joseph geben ließen; hätten sie gewußt, daß es ein großer geistiger Nährvater in der katholischen Kirche werden wird, gewiß, sie hätten soviel Freude nimmer zu fassen vermocht!

Der Himmel wachte wunderbar über dem Knaben. Wiederholt kam sein Leben in die größte Gefahr, aber die Hand des Herrn wußte es sich zu bewahren. Einmal gingen vier Pferde über ihn dahin, und doch erlitt er nicht den geringsten Schaden. Aus diesem und einem ähnlichen Ereignisse, wodurch Gott den kleinen Joseph von der augenscheinlichsten Todesgefahr errettete, mochten die frommen Eltern eine stille Ahnung bekommen, daß ihr Kind eine außergewöhnliche Bestimmung empfangen werde; darum wendeten sie demselben auch immer eine besondere Liebe und Sorge zu, selbst dann, da ihre Ehe im Laufe der Jahre mit noch einigen Kindern (**Magdalena**, **Agatha**, **Johann**) gesegnet worden.

Bei der Erziehung der Kinder gingen die Eltern Feßler's von der Ueberzeugung aus, daß die Furcht Gottes die Grundlage des Glückes ist. Der Vater Gebhard liebte das Lesen guter Bücher, besonders der Legende, überaus; die Mutter unterstützte ihn kräftig in seinen Bemühungen, indem sie die Kinder eifrig zu Gott beten lehrte und ihren Herzen eine kindliche Andacht zur seligsten Jungfrau einflößte.

Sind einmal die edlen Anlagen eines Kindes von den Eltern geweckt, dann führt ein frommer und fleißiger Lehrer in der Schule mit Leichtem das Werk der religiös-sittlichen Bildung fort. **Martin Hager** war damals Schullehrer zu Lochau und P. **Benedikt**, Exbenediktiner von Mehrerau, Katechet der Schule, als der hoffnungsvolle Knabe vom Rentele seinen Elementarunterricht erhielt. Die überraschenden Fortschritte dieses Schülers, sein vorzügliches Gedächtniß, sein Fleiß und seine Sittsamkeit bewogen den Katecheten und Lehrer, daß sie dem Vater Feßler zuredeten, er möge seinen Sohn studiren lassen. Nach längerem Ueberlegen gab er endlich seinen Willen darein; der Herr Pfarrer vom benachbarten Hörbranz, Namens **Bartholomäus Hörburger**, bot sich auf's Freundlichste an, den Vorunterricht für die Lateinschule dem Knaben zu ertheilen.

Im Oktober d. J. 1824 begann der eilfjährige Feßler das Gymnasialstudium zu **Feldkirch**. Es erleichterte ihm wesentlich den Anfang, daß der Sohn des Besitzers von Wellenstein bei Bregenz, **Ambros Hehle**, welcher bereits vier Schulen absolvirt hatte und dabei stets fromm geblieben war, mit aller Liebe sich des Anfängers annahm; beide wohnten zusammen und der Aeltere war der sichtbare Schutzengel des Jüngeren. Die ausgezeichneten Fähigkeiten und der beständige Fleiß verhalfen in Kurzem dem Schüler Feßler auf den ersten Platz unter seinen Mitschülern; und da auch die Aufführung immer musterhaft blieb, so wurde ihm am Ende des Schuljahres der erste Preis „zur Belohnung für Fleiß und gute Sitten" zu Theil. Dasselbe traf auch in den folgenden Jahren ein; selbstverständlich war darüber jedesmal große Freude im Reutele, wenn Joseph als Prämiant nach Hause kam, um Ferien zu halten. Nachdem dies zum zweiten Male geschehen, wollte auch der erfreute Vater seinem fleißigen Sohne einen besonderen Beweis der Liebe geben und überraschte ihn eines Tages mit einer silbernen Sackuhr. Dieses väterliche Geschenk war dem dankbaren Sohn so lieb und theuer, daß er nie in seinem Leben zu bestimmen war, eine andere werthvollere Uhr sich anzukaufen und zu gebrauchen. — In den Ferien 1827 erbat sich der Studiosus zum Lohn für das vortreffliche Zeugniß, womit er bei seiner Heimkunft von Feldkirch die Eltern erfreut hatte, von diesen die Erlaubniß, eine Wallfahrt nach Maria Einsiedeln machen zu dürfen. Sein Studienfreund Anton Rohner entschloß sich ebenfalls, die fromme Pilgerreise mitzumachen. Das war keine geringe Beschwerniß, welche die beiden jugendlichen Verehrer der Gottesmutter dabei auf sich nehmen mußten; denn der Weg bis Einsiedeln war weit und das Reisegeld wenig; doch gute Kinder machen ihrer Mutter und gar erst der besten und liebreichsten Himmelsmutter selbst unter großen Beschwerlichkeiten gerne eine Freude! Dem stillen Andachtszug nach Maria Einsiedeln, der im ganzen Leben Feßler's sich findet, begegnen wir also schon frühzeitig, in seinen ersten Studentenjahren. Weltliche Unterhaltungen suchte unser Studiosus auch während der Ferien nicht; dagegen griff er bereitwillig bei der Haus- oder Feldarbeit etwas zu, wann es der Vater oder die Mutter verlangte. Absichtlich rief manchesmal Vater Gebhard den Studenten zur Arbeit, daß er mithelfe; er dachte nämlich, daß der Sohn dann im Schuljahr um so fleißiger studiren werde, je mehr er es erfahren, wie auch die Eltern zu Hause Plage haben und wie viel Mühe und Schweiß das Geld für den Studenten erheischet. „Bis daß Du Blasen kriegst", antwortete gerne der Vater halb im Scherz und halb im Ernst dem Sohn, wenn dieser fragte, wie lange er mitarbeiten solle? „Bis daß Du Blasen kriegst"; denn

„der Arbeit gibt der Himmel sich zum Kauf,
Und nimmermehr nimmt er die Trägen auf."

Im Jahre 1830 absolvirte Feßler mit dem gleich eminenten Erfolge das Gymnasium zu Feldkirch, das nur die sechs ersten lateinischen Schulen oder die Humaniora umfaßte. Von Feldkirch mußte daher Abschied genommen werden; erst nach zweiunddreißig Jahren sollte Feldkirch wieder sein theurer Wohnsitz werden!

Wohin jetzt? Das war eine wichtige Frage für den angehenden Philosophen. Salzburg und Innsbruck schwebten ihm vor der Seele. Auch der Vater mußte Rath geben und die Entscheidung fiel zu Gunsten Salzburgs. Gegen Ende Oktober (1830) kam Feßler dahin. Der harte Abschied vom Reutele weckte auch zwischen den Salzburger Bergen noch wehmüthige Gefühle, aber der stärkere Geist beschwichtigte das Gemüth; zudem wurden die Gedanken bald von anderen Gegenständen in Anspruch genommen. Vor Allem war es das Lyceum selbst und dann die übrigen Merkwürdigkeiten Salzburgs, die seinen Geist fesselten. Direktor des Lyceums war eben damals Dr. Joseph Othmar Ritter von Rauscher, nunmehriger Cardinal Fürst-Erzbischof in Wien; Direktor der philosophischen Abtheilung war Dr. Thanner. Diese und andere wissenschaftliche Celebritäten, deren sich Salzburg erfreute, wirkten anregend auf den jungen Akademiker Feßler. Die akademische Freiheit wurde diesem nicht wie manchen Anderen eine Versuchung zu freieren Vergnügungen und Unterhaltungen, sondern eine Gelegenheit, die Festigkeit des Charakters zu erproben und in der Mäßigkeit und Tugend sich zu üben. Die ausgezeichneten Fähigkeiten und der beständige Fleiß verschafften ihm den Vorrang unter allen seinen Mitschülern, zu denen auch der jetzige österreichische Minister Ritter von Lasser zählte. Um seinen geliebten Eltern die Auslagen für ihn zu verringern, wollte Feßler Lektionen ertheilen und unterzog sich zu dem Zwecke der Prüfung behufs Erlangung der Unterrichtsbefugniß mit glänzendem Erfolg. Durch die Studien für die Schulen und durch die Ertheilung von Lektionen genugsam beschäftigt, hatte Feßler nie lange Weile. Als guter Hörer der wahren Philosophie, welche nach Baco von Verulam zu Gott führt, blieb Feßler beständig in der Andacht zu Gott und strenge gewissenhaft in Erfüllung seiner religiösen Pflichten. Der historisch ehrwürdige und durch das Andenken an die Heiligen, welche dort gelebt haben, gewissermaßen geheiligte Boden Salzburgs gab dem gläubigen Gemüthe die reichste Stärkung. Das erste philosophische Jahr war zu Ende und Salzburg war Feßler wie die Heimath lieb geworden; daher dachte er auch das zweite Jahr der philosophischen Studien in Salzburg zuzubringen. Allein der Mensch denkt und Gott lenkt. Im Sommer 1831 war die Cholera in Oesterreich ausgebrochen und wegen der Gefahr der Verschleppung die Grenzsperre angeordnet; so mußte Feßler im Lande bleiben und um in den Studien nicht gehemmt zu sein, nach Innsbruck gehen, welches vor Einem Jahre seinem Geist vorschwebte. Jetzt hat ihm Gott selbst den Weg dahin gezeigt.

In Innsbruck studirte Feßler das zweite philosophische Jahr, und mit welchem Erfolg, das läßt sich leicht denken. Neunzehn Jahre war Feßler alt, da er mit den philosophischen Kursen fertig wurde und ein Berufsstudium sich zu wählen hatte. Gewohnt jeglichen wichtigen Schritt mit reiflicher Ueberlegung zu thun, mußte er nun jetzt, wo es sich um den allerwichtigsten Schritt im Leben handelte, ganz besonders zur genauen Selbstprüfung sich gedrungen fühlen. Von Kindheit an war der Priesterstand das ideale Ziel seines Strebens, und doch wandelte ihn jetzt, da er sich für denselben entscheiden sollte, ein ernstlicher Zweifel an, ob er denn wohl auch zum geistlichen Stand berufen sei? Mit dem Sprichwort: „Kommt Zeit, kommt Rath," mußte er sich vorderhand zu beruhigen und beschloß mit der definitiven Standeswahl noch ein Jahr zuzuwarten, zumal er bei sogleichem Eintritt in ein geistliches Seminar doch am Ende der vier theologischen Jahre das für die hl. Priesterweihe erforderliche Alter noch nicht erreicht haben würde. Ueberdies, meinte er, würden auch dem Geistlichen juristische Kenntnisse gut anstehen, darum betrieb nun Feßler durch Ein Jahr die Rechtsstudien an der Universität zu Innsbruck. So hat die göttliche Vorsehung den künftigen Canonisten, ohne daß dieser im Entferntesten daran denken mochte, schon jetzt etwas vorbereiten wollen, indem er dadurch eine gewisse Neigung und Vorliebe für die juristischen oder kanonistischen Studien erlangte. Die Zeugnisse über die Leistungen in dem ersten Jahre der Jurisprudenz sind durchweg auch ausgezeichnet. Gleichwohl aber vermochten ihn diese glänzenden Fortschritte nicht von dem längst gehegten Wunsche, Priester zu werden, abzuziehen; er suchte vielmehr noch vor Beginn der Schulferien um Aufnahme in das fürstbischöfliche Clerical-Seminar zu Brixen an. Fürstbischof Galura gewährte ihm dieselbe.

II. Im Seminar. Erste Priesterjahre. Doktorgrad.

„Frömmigkeit und Wissenschaft sind die zwei Augen des Priesters," sagte der berühmte Görres. Diese zwei Augen muß man aber schon an dem Kandidaten des Priesterstandes beobachten können, wenn er ein guter Priester werden soll; der ascetische und theologische Aufbau im Seminarleben bilden demnach die wichtige Aufgabe, welche sich ein Jeder, der in's Priesterseminar eintritt, vorzusetzen hat. Feßler's Gedanken beim Eintritt in das Seminar zu Brixen waren auch wirklich dahin gerichtet, von nun an nur mehr Gott und der Wissenschaft zu leben. „Ich widme mich dem Studium und frommen Betrachtungen, die ich so lieb gewonnen," schrieb Lacordaire aus dem Seminar von St. Sulpiz. „Meine Gedanken reifen um so besser, je weniger ich mit der Außenwelt verkehre. Was ich mir nach und nach sammle, muß ich nicht stückweise verbrauchen und wieder verlieren. Mein Geist ruhet so recht wie ein Brachfeld, das sich vom Thau des Himmels nährt." Mit dem Seminaristen Lacordaire hat Feßler eine gewisse Aehnlichkeit, nicht zwar als ob Feßler ebenso wie Jener vor seinem Eintritt in's Seminar von religiösen Zweifeln und Vorurtheilen wäre umstrickt gewesen, wohl aber darin, daß beide vorher Juristen waren, daß beide genialen Geist besaßen. „Mein Geist ruht so recht wie ein Brachfeld, das sich vom Thau des Himmels nährt" konnte auch Feßler sagen, der sich nun von der dürren juristischen Wissenschaft in das höhere und weihevolle Gebiet der Theologie versetzt sah.

Im Seminar zu Brixen bekam sowohl die Frömmigkeit als auch die Wissenschaft reichliche Nahrung. Zu den religiösen Uebungen versammelten sich die Seminaristen regelmäßig dreimal des Tages im Kirchlein. In der Frühe war gemeinschaftliches Morgengebet, die Betrachtung und heil. Messe; zu Mittag wurde die Allerheiligen-Litanei, und Abends der Rosenkranz gebetet. An den Sonn- und Festtagen gingen die Seminaristen zur hl. Beicht und Communion und wohnten dem Vormittagsgottesdienste im Dome an. So mußten der Glaube und die Frömmigkeit wachsen wie eine Palme und wie die Ceder Libanons zusetzen. — Den wissenschaftlichen Aufbau ließ sich Feßler nach der ganzen Dimension seines Geistes angelegen sein. Er begnügte sich nicht damit, das Lehrbuch der jedesmaligen Disciplin zu studiren, sondern las dazu größere einschlägige Werke nach und schöpfte besonders gerne aus den Schätzen der Väter. Da zum gründlicheren Verständniß der heiligen Schrift und der Schriften der Väter die Kenntniß der semitischen Dialekte ihm fast unentbehrlich schien, so war es ihm nicht genug, bloß die hebräische Sprache zu erlernen, sondern er verwendete manche Mußestunde auch für die chaldäische, die syrische und arabische Sprache; und um mehr und mehr in diesen Dialekten sich zu üben, hörte er die Vorlesungen davon durch alle vier Seminarjahre. Dadurch brachte er es zu einer solchen Vollendung, daß ihm die k. k. Studienhofkommission in Wien die Prämie zuerkannte. Es begreift sich, daß Feßler durch seine ungewöhnlichen Leistungen in Bälde die Aufmerksamkeit seiner Professoren und Vorgesetzten auf sich zog; Fürstbischof Galura, der den Prüfungen am Ende der Curse beiwohnte, äußerte öfters sein Wohlgefallen an den gründlichen, klaren und gewandten Antworten des Vorarlberger Theologen und scheint schon damals bei sich über die künftige Verwendung desselben für das theologische Lehramt seinen Beschluß gefaßt zu haben.

Die Ferienmonate (August und September) brachte Feßler gewöhnlich im Kreise seiner theuren Eltern und Geschwister zu, indem er sich zugleich in den theologischen Wissenschaften mit Muße fortbildete. Bot ihm zwar das Reutele nur die ländliche Stille und liebliche Sommerfrische, so fand er doch in dem nahen Bregenz auch literarische Schätze, die wie ein Magnet ihn öfters dahin zu gehen bewogen. Es hatte ihm nämlich der Rentbeamte Kaiser seine sehr werthvolle Bibliothek in Bregenz zugänglich gemacht; und sein Studienfreund Hehle, welcher bereits Priester und am Benefizium des hl. Joseph daselbst angestellt war, besaß auch manch' angenehmes Werkchen für den strebsamen Geist. Aber was noch mehr werth ist, als die Wissenschaft, wußte der fromme Priester seinem Freunde zu geben: Hehle bestärkte durch seine herrlichen Tugenden den jüngeren Cleriker in der Frömmigkeit und Gottesfurcht. Es läßt sich daher auch begreifen, welchen Schmerz Feßler darüber empfand, als ihm, da er sich schon im dritten Jahre der Theologie zu Brixen befand, eines Tages aus der Heimath geschrieben wurde, daß der Hochw. H. Hehle am 19. März (1836) gestorben sei und ihm seine Bibliothek vermacht habe. „Wer Thränen ernten will, muß Liebe säen", sagt der Dichter; wie hätte es jetzt anders sein sollen? Hehle hatte ja viele Liebe gesäet und Feßler's Gemüth war so edel und so dankbar, wie hätte er ohne Thränen die Trauer= botschaft von dem Verlust des ersten Jugendfreundes, des frömmsten Wohlthäters und Priesters entgegen nehmen können? Feßler bewahrte auch spätest noch seinem Freunde ein frommes Andenken am Altare.

Die angenehme Zeit des Seminarlebens ging für Feßler schneller vorüber, als er's glaubte; es kam unvermerkt schnell die Zeit der hl. Weihen heran. Am 30. Juli 1837 er= hielt er die Priesterweihe. Am 13. August, dem Feste des hl. Cassian, welcher Diöcesanpatron von Brixen ist, feierte er seine Primiz in der Stadtpfarrkirche zu Bregenz, in der er auch die heilige Taufe empfangen hatte. Der H. Pfarrer von Hörbranz, Bartholomäus Hörburger, welcher ihn auf die Gymnasial= studien vorbereitet hatte, hielt die Festpredigt. Nach der Primiz= feier beschäftigte sich der seeleneifrige Neomyst vielfach mit Ge= danken und frommen Plänen, wie er den Gläubigen durch seine Seelsorge am meisten würde nützen können. Am 11. September brachte endlich die Post das ersehnte Anstellungsdecret vom f.=b. Ordinariat zu Brixen. Es lautete auf die Station Rankweil in Vorarlberg. Feßler machte sich schon reisefertig, als ein Gegenbefehl kam; sein Hochw. Fürstbischof schrieb ihm, daß es von der empfangenen Anstellung sein Abkommen habe und daß er sich für eine Präfektenstelle am Theresianum zu Innsbruck in Bereitschaft halten müsse. Die amtliche Verstän= digung ließ nicht mehr lange auf sich warten.

Am 15. Oktober (1837) kam Feßler in Innsbruck an, um da in der k. k. Ritterakademie, welche von ihrer Stifterin Kaiserin Maria Theresia den Namen führte, seine erste Wirk= samkeit zu entfalten. Welcher Art diese war und welche Hinder= nisse ihr im Wege standen, erfahren wir aus einem Schreiben, das Feßler an Fürstbischof Galura richtete und das auch in anderer Beziehung interessant ist, indem es zeigt, wie sehr Bescheidenheit und Demuth das Herz des jungen Priesters zierten. „Der Platz," so schreibt er, „erfordert besonders gediegene Kennt= nisse und zugleich eine weise Erfahrung. Beides gebricht mir nur zu sehr, da ich wohl einsehe, daß der Hauptzweck des Institutes und zugleich die Absicht, warum man uns hieher stellte, noch lange nicht erreicht ist, wenn die Zöglinge des Institutes nur die äußere Form legal einhalten, so lange nicht auch der belebende Geist, der Geist wahrer Gottesfurcht und inniger Gottesliebe ihnen eingeflößt werden kann. Das ist eben der schwierigste, vielleicht nicht zu lösende Theil unserer Aufgabe, wenigstens nicht zu lösen bei den eilf Zöglingen, die bereits im Jus oder in der Physik sind. Mehr Hoffnung zeigt sich bei den Kleineren, die in den ersten Grammatikalklassen sind. Ich lebe der Hoffnung, daß Gott, der mich hieher gestellt hat, wenn ich in seinem Namen anfange, das Gedeihen geben werde nach seinem Wohlgefallen. Gerne folgte ich dem Rufe, weil ich ihn als den Willen Gottes erkannte! Ich wäre aber eben so willig auf den höchsten Berg gegangen, weil ich mich noch immer fest daran halte: Deus providebit." Etwas über Ein Jahr wirkte Feßler in diesem adeligen Institute, als er von seinem Fürstbischofe abberufen wurde, damit er im theologischen Seminar zu Brixen aushilfsweise die Kirchengeschichte tradire.

Im Dezember 1838 begann Feßler, den Theologen die Kirchengeschichte vorzutragen; er versah diese Stelle mit großem Fleiße durch neun Monate hindurch und erwarb sich in der verhältnißmäßig kurzen Zeit die Hochachtung und Liebe seiner Schüler in nicht geringem Grade. Dies bestimmte den Hochw. Fürstbischof Galura nur um so mehr, daß er Feßler für beständig dem theologischen Lehramte zu erhalten trachtete. Als daher der Hochw. H. Franz Josef Rudigier (jetzt Bischof von Linz) nach Ablegung der strengen Prüfungen behufs der Promotion zum Doktor der Theologie vom höheren Weltpriesterbildungsinstitut in Wien zurückkehrte, so veranlaßte Galura unsern Feßler, in dasselbe einzutreten, um gleichfalls den theologischen Doktorgrad zu erlangen. Durch die allerhöchste kaiserliche Entschließung vom 17. Juli 1839 erlangte er die Aufnahme in jenes Institut zum hl. Augustinus.

Am St. Michaelstag 1839 trat Feßler in's Augustineum zu Wien ein, um sich auf die Rigorosen vorzubereiten. Die Zeitdauer, welche dazu erforderlich ist, hängt wohl sehr wesentlich vom Fleiße und dem Talente des Einzelnen ab, beläuft sich aber in den meisten Fällen auf drei oder vier Jahre. Wer in kürzerer Zeit die riesige Arbeit bezwingen will, muß eine außerordentliche Begabung von Gott erlangt haben. Zu diesen Wenigen zählte auch Feßler. Er lenkte bald durch seine große wissenschaftliche Begabung sowie nicht minder durch seinen streng priesterlichen Wandel die Aufmerksamkeit im Institut auf sich; das freundliche, heitere und zuvorkommende Benehmen erwarb ihm in gleicher Weise die Liebe und Freundschaft der übrigen Institutspriester. Mehrere der damaligen Studienkollegen Feßler's bekleiden jetzt hohe kirchliche Würden, wie Haynald, Erzbischof von Colocza, Ballerini, Patriarch von Alexandria, Stroßmayer, Bischof von Diacovar, u. A. Bei seinem Studium beobachtete Feßler die Maxime, daß er nicht bis in die späte Nacht studirte, sondern bei Zeiten aufhörte, um sich zur Ruhe zu begeben; während manche übermäßig lang in die Nacht hinein studirten, durch die Entziehung des nöthigen Schlafes sich schwächten und so für die Arbeit des Tages weniger fähig machten. Dafür aber hielt Feßler bei Tag fest an und konnte es leicht; denn seine Kraft war nicht gebrochen. Zum Staunen der Collegen legte er in rascher Auf=einanderfolge die einzelnen Rigorosen ab, und jedes mit Applaus. Feßler brauchte kaum zwei Jahre Zeit, um jenes Ziel zu er=reichen, auf das ein weniger Talentirter leicht vier Jahre nöthig hat. Schon am 15. Juni 1841 wurde er zum Doktor der Theo=logie promovirt. Der damalige Vorstand des Instituts, Burg=pfarrer und Prälat Ignaz Feigerle, nachmals Bischof von St. Pölten, gab dem scheidenden Dr. Feßler das rühmlichste Zeugniß, welches hier eine Stelle finden soll. „Wo Talent und Fleiß sich vereinigen, wo hohes wissenschaftliches Streben und tiefe Religiosität Hand in Hand gehen, Gedächtniß und Urtheil einander wechselseitig unterstützen; wo der klare Gedanke in klarer und kräftiger Rede hervortritt; der Wandel nie der Lehre wider=spricht und Bescheidenheit alle geistigen Vorzüge mit hehrem Glanz umgibt: da kann Gottes Wohlgefallen und Gottes Segen nicht ausbleiben und mit diesem ist alles Gute zu hoffen." Die nöthige Erholung nach einer so großen geistigen Anstrengung genoß Dr. Feßler bei seinen theuren Angehörigen im Reutele.

III. Lehrthätigkeit, politische und schriftstellerische Thätigkeit in Brixen.

Mit dem Beginn des theologischen Schuljahres 1841/42 übernahm Dr. Feßler die Lehrkanzel der Kirchengeschichte im Se=

minar zu Brixen. Sein Fürstbischof hatte ihm diese Professur vorbehalten. Bis März 1842 versah er dieselbe provisorisch, da nach kirchlicher Uebung der definitiven Anstellung die sogenannte Concursprüfung aus dem betreffenden Lehrfache vorausgehen muß. Nach Ablegung dieser vorschriftsmäßigen Prüfung wurde ihm unterm 26. März 1842 das Lehramt der Kirchengeschichte definitiv übertragen; ein Jahr später erhielt er dazu noch die Aufgabe, auch das Kirchenrecht den Theologen zu tradiren. Das Seminar zu Brixen erfreute sich damals der edelsten und besten Lehrkräfte. Man braucht nur zu erinnern, daß die nunmehrigen hochwürdigsten Bischöfe Gasser in Brixen und Rudigier in Linz zur selben Zeit ebenfalls an der Brixener theologischen Lehranstalt als Professoren thätig waren. Von da her datirte sich das innige Freundschaftsverhältniß, in welchem nachmals die drei Bischöfe: Gasser, Rudigier und Feßler zu einander standen. Mit Rudigier wohnte Feßler nahezu durch drei Jahre unter demselben Dache; erst zu Ostern 1844 gründete sich Feßler eine selbstständige Haushaltung, welche ihm seine jüngere Schwester Agatha besorgte.

Als Professor genoß Feßler ein großes Ansehen unter den Theologen; er brachte aus dem reichen Schatz seines Wissens Altes und Neues und wußte es mit einer seltenen Gründlichkeit und Klarheit darzustellen. Nannte man ihn auch scherzweise „die wandelnde Bibliothek", so wußte doch Jedermann, was dies heiße und wie viel dazu gehöre, um eine wandelnde Bibliothek genannt werden zu können. Dabei war Feßler milde und nachsichtig in seinen Anforderungen an die Schüler, behandelte sie mit freundlicher Liebe und bewies Allen ein herzliches Wohlwollen; ja er kam mehrmals dem Einen und Andern, der in Noth oder Verlegenheit gerieth, insgeheim sogar durch namhafte Unterstützung zu Hilfe.

Wie gut Dr. Feßler auf den Geist der jungen Theologen einwirkte und wie lieb sie ihn hatten, läßt sich beurtheilen aus dem, was Einer seiner Schüler, der ausgezeichnete Meßmer[1]), in sein Tagebuch notirt hat. Zum 20. Jänner 1844 bemerkte Meßmer: „Ein Besuch bei Dr. F. freute mich. Abends las ich in Folge seiner Ermunterung etliche Kapitel der Genesis und

---

[1]) Alois Meßmer, Lebensbild, gezeichnet nach dessen Tagebuch ꝛc. Herausgegeben von Dr. Mitterrutzner, Brixen 1860.

suchte sie zu verstehen." Am 19. März: „Auch war ich zu einem kurzen Gratulationsbesuche bei Dr. F. ." Beim 27. März steht: „Mittags ein Zeitchen bei Prof. F. that mir sehr wohl." Ein anderer Schüler verkündet das Lob seines Meisters, da er von Feßler redend sagte: „Ich verdanke diesem Umgang und Verkehr fast noch mehr, als seinen gelehrten und tüchtigen Vorlesungen."

Wir müssen nun auch, um die Stellung des Prof. Feßler nach allen Beziehungen in's Auge zu fassen, seines Verhältnisses zu dem frommen und betagten Fürstbischof Galura gedenken. Der greise Oberhirte pflegte unter allen Priestern insbesondere die Professoren des theologischen Seminars mit väterlicher Liebe an sich zu ziehen, weil dieselben den edlen Nachwuchs der Priesterschaft zu pflegen und zu kräftigen hatten. Täglich hatte ein Anderer von den Professoren zwischen 7 und 8 Uhr Abends mit dem Fürstbischof gesellige Conversation. Feßler genoß die besondere Gunst, daß er wöchentlich zwei Abendstunden beim Fürstbischof zubringen durfte; offenbar dachte der erleuchtete Oberhirte, daß er durch den jugendlichen und kräftigen Geist Feßler's die reichen Erfahrungen seines Lebens der Nachwelt am meisten nutzbringend machen könnte. Auch auf dem literarischen Gebiete konnte der weise Bischof seinem jungen Priester, dessen produktiven Geist er erkannte, sehr viel nützen. Manche von den Grundsätzen Galura's finden wir im Leben Feßler's treu wiedergegeben; so den Ausspruch: „Das Kleine muß man suchen, daraus sproßt Großes"; und den anderen: „Das Wort Gottes muß man einfach, wie es ist, dem Volke bieten."

Fürstbischof Galura lernte immer mehr kennen, was für eine Perle er an Feßler besitze; er holte öfter dessen Rath ein, besonders in kanonistischen Fragen, und ernannte ihn am 4. Jänner 1848 zum wirklichen Consistorialrath.

Im Herbst des Jahres 1848 erhielt Feßler einen außerordentlichen Beweis des Vertrauens von seinem Oberhirten. Die erschütternden Ereignisse des Jahres 1848 haben auch das kirchliche Gebiet bewegt. Die Bischöfe Deutschlands und Oesterreichs erachteten es daher als ihre Pflicht, in einer Versammlung der Bischöfe zum Wohle der Kirche in Deutschland und Oesterreich zu berathen. Die Versammlung war nach Würzburg einberufen. Feßler erhielt nun von seinem Bischofe, der wegen seines hohen Alters nicht leicht mehr der Reise sich unterziehen konnte, das

ehrende Mandat, ihn bei der Versammlung der Bischöfe in
Würzburg zu vertreten. Er unterzog sich diesem Aufträge mit
seiner ganzen Kraft; seine juristischen und auch politischen
Kenntnisse förderten wesentlich den Gang der Verhandlungen.
Card. Fürst Schwarzenberg, Erzbischof von Salzburg,
leitete als Primas von Deutschland die Conferenz, welche im
November tagte. Für Dr. Feßler hatte es das größte Interesse,
so viele erhabene Kirchenfürsten von Angesicht kennen zu lernen.
Er sprach sich darüber in einem Briefe aus, worin es heißt:
„Ich danke Gott, daß er der Kirche Deutschlands solche Männer
zu Bischöfen gegeben hat, und daß er mich gewürdigt hat, sie
alle von Angesicht zu Angesicht, ich darf wohl sagen, von Herz
zu Herz kennen zu lernen. Deutschlands Kirche hat noch eine
Zukunft, aber auch vielleicht einen harten Kampf in naher Aussicht."

Durch die Würzburger Conferenz gewann Feßler unter den
Kirchenfürsten neue Freunde; namentlich schenkte Card. Fürst
Schwarzenberg seit jener Zeit dem Professor Dr. Feßler
kein geringes Vertrauen; und als im darauffolgenden Jahre
die österreichischen Bischöfe zur Berathung in Wien zusammen=
traten, erbat sich der Cardinal vom Fürstbischof Galura, daß
Professor Feßler delegirt werden möge, „da er durch seine
Grundsätze, Kenntnisse und Gewandheit die wesentlichsten Dienste
auf der Würzburger Versammlung geleistet habe."

Das bewegte Jahr 1848 hat Feßlers Thatkraft auch auf
dem politischen Gebiete angestrengt. Wie bekannt ist, be=
schäftigten sich damals die Geister viel mit Politik. Unser
Welttheil war fieberhaft aufgeregt und die neuen Staatsformen
sollten ihm den großen Weltfrieden bringen. Allein die Krankheit
der Zeit war das Delirium der Freiheit. „Alle riefen
nach Freiheit und einem Parlament. — Die Extremen schrieen
nach der Republik", schrieb A. Meßmer am 9. März 1848.
„Es ist zum rasend werden, wie die Wogen der Geschichte sausen,
links und rechts, oben und unten." Der Ruf um ein Parlament
bekam endlich die Oberhand. In Frankfurt sollte es sich ver=
sammeln. Die Frankfurter Wahlen wurden allenthalben aus=
geschrieben und Deputirte zum Parlamente in Frankfurt waren
aus den verschiedenen Bezirken zu wählen. Es trat die Frage
heran, wie sich der Clerus den neuen Wahlen gegenüber ver=
halten solle? Feßler erkannte nur zu sehr die große Tragweite

der Wahlen auch für die Kirche und äußerte sich darüber in einem Brief nach Einsiedeln also: „Wenn nur die Kirche die Trägerin des christlichen Principes ist, so müssen vor allem ihre Diener Hand anlegen beim neuen Baue. Darum gilt es, Geistliche nach Frankfurt zur constituirenden Nationalversammlung, nach Wien in die Kammer der Abgeordneten und nach Innsbruck zu unserm Landtag zu senden." Er legte selbst schnell Hand an's Werk und verfaßte eine die bevorstehenden Frankfurter Wahlen behandelnde Schrift, „Sendschreiben an die Vorarlberger" betitelt, welches Sendschreiben nach Tausenden unter seinen Landsleuten verbreitet wurde. Er zeigte in demselben die Nothwendigkeit, katholische und rechtschaffene Männer als Deputirte zu wählen. Obwohl Feßler damit keineswegs beabsichtigt hatte, sich selbst seinen Landsleuten als geeigneten Candidaten hinzustellen, so fielen doch bei der Wahl in Feldkirch so viele Stimmen auf ihn, daß er nach seinem Freund und Landsmann Jodok Stülz, Chorherr zu St. Florian, die meisten Stimmen erhielt und als erster Ersatzmann gewählt erschien. Da Stülz sein Mandat nicht gleich ausüben konnte, so mußte Feßler als Abgeordneter nach Frankfurt gehen. Er traf am 19. Mai 1848 in Frankfurt ein. Ueber den Erfolg, welchen er im Parlamente errang, können wir ihn selbst vernehmen, da er später in einem Brief hierüber sich folgendermaßen äußert: „Ich war in Frankfurt, sah und schwieg, weil mich die Umstände dazu verurtheilten. Ich habe gesehen, mit wie wenig Weisheit nach dem Wort des weltklugen Politikers die Welt regiert wird. Ich habe gesehen, wie wahr das Wort der Schrift: Non sequaris turbam (Du sollst der Menge nicht folgen). Ich habe gesehen, wohin es führt, wenn man ohne Gott anfängt, es geht gerade, wie in Babel." Wenn auch, wie aus diesem Schreiben erhellt, Feßler im Parlamente nicht zum Worte kommen konnte, so schwieg er doch nicht vollends; seine politischen Gegner in der Heimat veranlaßten ihn öfter, im „Bregenzer Wochenblatt" seine Stimme zu erheben. Während der vier Monate, die er in Frankfurt zubrachte, suchten die von der Wahlniederlage noch erbitterten Liberalen verschiedene Anlässe, um seine Haltung im Parlamente zu verdächtigen. Zur Abwehr dieser politischen Anschuldigungen ließ Feßler „offene Briefe aus Frankfurt" in's „Bregenzer Wochenblatt" einrücken. Er bekundete dadurch seine echt österreichische Gesinnung gegenüber den germanistischen Tendenzen jener Liberalen, welche ihm die conservative Politik zum Vorwurf machten. Im ersten Brief zeigt Feßler, wie es einem Verrathe am eigenen Vaterlande gleichgekommen wäre, einem Parlamentsbeschlusse beizustimmen, wonach die Frankfurter Beschlüsse in Oesterreich wie die des eigenen Reichsrathes gelten sollten. Im zweiten Briefe legt er die Gründe dar, warum er nicht dafür votirte, daß Oesterreich zu den 6 Millionen Thalern auf eine deutsche Flotte contribuiren solle. In den folgenden Briefen rechtfertigt er sich der Reihe nach über sein Verhalten in der Debatte über die Aufhebung der Todesstrafe, über das Briefgeheimniß, und wegen der Annahme des Waffenstillstandes mit Dänemark. Da endlich seinen liberalen Gegnern nichts übrig blieb, wodurch sie ihn um sein politisches Ansehen bringen konnten, so sagten sie schließlich, er habe die Frankfurter Nationalversammlung herabgesetzt. Im sechsten offenen Briefe bekamen sie auch darüber den verdienten Text zu lesen. Es läßt sich denken, daß sie die wuchtigen Schläge, die ihnen Feßler mit seiner gewandten Feder versetzte, bitter empfanden und daß sie nur auf eine Gelegenheit lauerten, um sich an dem überlegenen Gegner zu rächen. In jener Zeit machte die Katzenmusik die Runde in den aufgeklärten Städten; zum politischen Katzenjammer paßt auch nur eine solche Musik. Als nun Feßler Anfangs October, nachdem er seinen Deputirten-Sitz an Jodok Stülz abgetreten hatte, auf der Heimreise begriffen war, und ruchbar wurde, daß er Feldkirch passiren werde, so ward von gegnerischer Seite daselbst schnell ein Racheplan gefaßt und verabredet, ihm eine Katzenmusik zu machen. Doch Feßler erhielt Nachricht über den geheimen Plan der Liberalen und kehrte auf einem andern Weg nach Brixen zurück.

Kaum etliche Wochen befand sich Feßler in Brixen, so erhielt er von seinem Oberhirten das Mandat, ihn bei der Conferenz der deutschen Bischöfe in Würzburg zu vertreten. Wie schon früher angedeutet, hat sich Feßler dieser auszeichnenden Mission mit Ehren entledigt. Die kirchliche Versammlung in Würzburg bot ein ganz anderes Bild, als die zerklüftete Parlamentsversammlung in Frankfurt. Auch die Versammlung der österreichischen Bischöfe, welche im Frühling des kommenden Jahres (1849) zu Wien statt fand und an der Feßler ebenfalls wirk=

samen Antheil nahm, war von demselben Geiste des Friedens und der Liebe geleitet. Es handelte sich hier darum, die Rechtsverhältnisse der Kirche zum österreichischen Staate, welcher am 4. März eine neue Verfassung erhielt, zu berathen und die Kirche von den Fesseln der Josefinischen Zeit zu befreien. Es wurden vom 1. Mai bis 17. Juni (1849) täglich mit Ausnahme der Sonn- und Festtage Conferenzen gehalten, die in der Regel sechs Stunden dauerten. Feßler trug einen guten Theil von der Last des Tages; er arbeitete mit allem Eifer für die Freiheit der Kirche. „Nur eine freie und verjüngte Kirche," schrieb er nachher in einem Briefe, „vermag das Uebel an der Wurzel zu fassen. Wenn die Staaten das nicht bald begreifen, so wird, fürchte ich, die Wuth der entfesselten Leidenschaften über ihnen zusammenschlagen." Fast ein Jahr verging, bis in Oesterreich die Stimme der versammelten Bischöfe gehört wurde. Erst am 18. April 1850 durften die Fesseln der Kirche in Oesterreich abgenommen werden; der Verkehr mit dem heiligen römischen Stuhle wurde freigegeben, das placetum regium aufgehoben und einige andere Begünstigungen wurden der Kirche gewährt. „Gebe Gott, daß wir auf diesem Boden ruhig fort„bauen können. Es ist der Kirche jetzt eine schwere Aufgabe „zugewachsen," sagt Feßler in einem Brief vom 3. Mai 1850. Dazu wollte die göttliche Vorsehung ihn selbst auf den Kampfplatz stellen, damit er für die Freiheit der Kirche die Waffen des Geistes führte; aber so lange er nicht den ausdrücklichen Willen Gottes erkannte, gedachte er auf seinem friedlichen Posten in Brixen zu verbleiben und die Aufforderung zur Bewerbung um eine Lehrkanzel an der Universität in Wien abzulehnen. Erst einer dritten Aufforderung Anfangs des Jahres 1852 leistete er Folge. Bevor wir ihn jedoch von Brixen scheiden lassen, müssen wir noch seine schriftstellerische Thätigkeit daselbst in's Auge fassen.

Schon bald nach Uebernahme der Professur in Brixen zeigte Feßler sein großes literarisches Talent durch die neue Herausgabe des sechs Bände umfassenden Werkes „Die neueste Theologie des Christenthums", das seinen hochwürdigsten Gönner und Bischof Galura zum Autor hatte. Feßler besorgte die Edition gewissermaßen unter der Anleitung, welche ihm Galura ertheilte, und gab auch nicht ohne Veranlassung desselben dem Werke den neuen Titel: „Die christkatholische Idee vom Reiche Gottes" und eine 48 Seiten zählende Einleitung.

Animirt von seinem Oberhirten machte sich Feßler auch an die schwierige Arbeit, ein Lehrbuch der Patrologie zu verfassen, worauf die k. k. Studienhofcommission eine hohe Prämie schon im Jahre 1842 ausgesetzt hatte. Nach dreijährigen Studien und Mühen war Feßler im Jahre 1845 in der Lage, sein diesfälliges Manuscript Institutiones Patrologiae mit dem Motto: Deus providebit, beim f. b. Ordinariate zur Uebermachung an die k. k. Studienhofcommission überreichen zu können. Obwohl die Anlage des Werkes den Absichten der Studienhofcommission nicht ganz entsprechend war, so arbeitete Feßler dennoch an der Vollendung des Werkes weiter fort, wozu ihm, wie er in der Vorrede sagt, die Encyclika des heiligen Vaters Pius IX. vom 9. November 1846 neuen Muth einflößte. Im Jahre 1850 begann er mit der Herausgabe und im folgenden Jahre erschienen bereits die Institutiones Patrologiae im Buchhandel. Das zweibändige Werk machte in der literarischen Welt großes Aufsehen und verschaffte dem Verfasser den Ruf eines Gelehrten. Die Academia Religionis Catholicae zu Rom ernannte ihn ob dieses Werkes zu ihrem Mitglied.

Während die patrologischen Studien noch seinen Geist in Anspruch nahmen, wußte er sich gleichwohl Zeit zu gewinnen, um eine von den Bischöfen auf der Würzburger Conferenz besiderirte Schrift über die Provinzial-Concilien und Diöcesan-Synoden zu verfassen. Die Schrift erschien 1849 zu Innsbruck, und der gelehrte Moy äußerte sich darüber also: „Ich habe diese lichtvolle, durchaus praktisch gehaltene und zugleich mit imposanter Erudition ausgestattete Schrift mit wahrer Freude gelesen und sie als ein kostbares der Kirche dargebrachtes Geschenk begrüßt." Ein Beweis von der Vortrefflichkeit der Arbeit kann wohl auch dieses sein, daß innerhalb Jahresfrist die 7000 Exemplare der ersten Auflage vergriffen waren.

Bringt man endlich noch in Anschlag, daß Feßler in derselben Zeit auch die Tagespresse vielfach unterstützte, so muß man mit Recht über eine so großartige literarische Produktivität erstaunt sein. Zu den Blättern, welche sich seiner Mitwirkung zu erfreuen hatten, gehörten: „Die katholischen Blätter aus Tirol", „Der Tiroler Bote", „Das Tiroler

Wochenblatt", „Die Tiroler Schützen=Zeitung." Auch an der „Tübinger Quartalschrift", dem „Katholik" des Dr. Heinrich betheiligte er sich; selbst der „Amico cattolico" in Mailand brachte Manches aus seiner Feder.

Aus all' dem erklärt es sich, warum die Wiener Universität wiederholte Anstrengungen machte, eine solche Zierde der Gelehr=samkeit an sich zu ziehen. Bei dem dritten Versuche ist es ihr gelungen, seine Zustimmung zu erlangen; am 26. Juni 1852 erfolgte seine Ernennung zum Professor der Kirchengeschichte an der k. k. Universität in Wien.

IV. Universitätsprofessor. Studiendirektor. Schriftsteller.

Vor der Uebersiedlung von Brixen nach Wien machte Dr. Feßler, dessen Eifer in der Verehrung der allerseligsten Jungfrau uns schon bekannt ist, eine Wallfahrt zur Mutter Gottes in Einsiedeln, um sich ihrem Schutze für die weite Reise und für den neuen Wirkungskreis kindlich anzuempfehlen. Im Reutle hielt er sich dann noch einige Tage auf. Von den geliebten Eltern lebte bloß die Mutter mehr; den theuren Vater hatte er schon vor sieben Jahren verloren. Bei der Zärtlichkeit der Liebe, welche Feßler für seine gute Mutter hegte, war es seinem Herzen fast unmöglich, von nun an in so weiter Ent=fernung von ihr zu leben; er wußte sie zu bewegen, daß sie und die beiden Schwestern ebenfalls mit ihm nach Wien über=siedelten. Der 2. September 1852 war der Tag der Abreise nach Wien; erst am 9. September kam man daselbst an. Tags darauf legte Feßler als k. k. Universitätsprofessor bei der h. Statthalterei seinen Diensteid ab und begann sonach seinen Haushalt einzurichten. Im October (1852) eröffnete er seine Vorlesungen an der Universität; er hatte 60 Hörer und be=diente sich im Vortrage der lateinischen Sprache. Es brauchte nicht viel Zeit, daß die Schüler Feßler in Wien ebenso wie in Brixen Hochachtung und Liebe zollten.

Am 12. März des folgenden Jahres schon (1853) ward Feßler durch kaiserliche Entschließung zum Studiendirektor an dem höhern Weltpriesterbildungsinstitut zum hl. Augustin, und zum k. k. Hofkaplan unter Beibehaltung des Lehramtes an der k. k. Universität ernannt. Als Studiendirektor mußte Feßler auch die Wohnung im Augustineum nehmen. Dieser Umstand aber entsprach indeß vollkommen seiner Neigung zu dem Stillleben eines geistlichen Hauses, wie er in einem Brief an Kaplan Rohner, seinen Studienfreund, schrieb: „Im Institut bin ich ungemein gerne. Es ist wieder so eine Art Seminarleben. — Ich erzähle Dir diese Dinge, um Dir zu zeigen, wie gütig der liebe Gott mit mir ist, und wie es von mir ebenso undankbar als unvernünftig wäre, auch nur einen leisen Gedanken zu nähren, daß ich eine höhere Stelle bekommen sollte. Und wie ich einen jeden solchen Gedanken zurückweise, so ist es mir auch jedesmal unangenehm, wenn Andere so etwas berühren." Wer empfindet nicht vor einer so anspruchlosen, demüthigen Gesinnung unwillkürlich Hochachtung?

Die ersten Ferien, die Feßler als Universitätsprofessor und Studiendirektor hatte, waren ihm besonders willkommen. Sein nie rastender Geist hatte nämlich die schwere Arbeit sich vorgesetzt, die Werke des heil. Caesarius zu sammeln und zu ediren. Zu dem Behufe machte Feßler in denselben Ferien (1853) die kostspielige und beschwerliche Reise nach Brüssel, um in verschiedenen Bibliotheken Studien über Caesarius anzustellen. Auch im folgenden Jahre machte er zwei Reisen für Caesarius, die nach Leipzig und die nach St. Gallen. Wieder ein Jahr später reiste er in derselben Angelegenheit nach Italien und suchte in den Bibliotheken zu Verona, Mailand und Florenz die den heiligen Cäsarius betreffende Literatur auf. Feßler mußte seine in Wien begonnene Lieblingsarbeit die Studien über den hl. Cäsarius öfter unterbrechen. Zuerst schon im Jahre 1854, da ihm der hohe Auftrag zu Theil wurde, ein Lehrbuch der Kirchengeschichte für die achte Classe der Gymnasien zu schreiben. Er bekam dazu vom k. k. Ministerium des Unterrichts mehrere Monat Urlaub, den er theilweise auf dem Schlosse Hohenbrugg in Untersteiermark, theilweise in Linz, die Gastfreundschaft des hochw. Bischofs Rudigier genießend, mit fleißiger Arbeit zubrachte. Man kann sich einen Begriff von seinem Fleiße aus dem bilden, was er am 13. November (1854) aus Linz an die Mutter nach Wien schrieb: „Von 8 bis 1 Uhr stehe ich am Pult und schreibe. — So oft es möglich ist, laufe ich Nachmittags stundenlang auf den Bergen herum und arbeite im Kopfe und mit dem Bleistift, dann gehts wieder recht, wenn ich heimkomme. Von 4—8 Uhr Abends wieder am Pulte." Im März des folgenden Jahres ward das vortreffliche Lehrbuch der Kirchengeschichte fertig.

„Ideen sind unser Schwert, die Literatur ist unser Schlachtfeld", hat der Dichter Jean Paul gesagt. An Feßler hat sich dieser Ausspruch erwahret. „Die Literatur ist unser Schlachtfeld;" Feßler erschien wie von Gott berufen, damit er auf dem Schlachtfeld der Literatur als ein muthiger und siegreicher Kämpfer gegen die kirchenfeindliche Presse streite. Die schlechte Tagespresse hatte sich in jener Zeit mit aller ihrer Bosheit auf die Bekämpfung des österreichischen Concordates, welches am 18. August 1855 mit dem heiligen Stuhle abgeschlossen worden war, geworfen; die Unkenntniß der großen Menge in Hinsicht des Concordates kam der Presse, der Fabrikantin der öffentlichen Meinung gut zu statten. Damit nun die Leute selbst über das Wesen und den Inhalt des Concordates sich klarere Ansichten erwerben und die dagegen ausgestreuten Verleumdungen und Lügenworte leicht als solche erkennen konnten, so gab Feßler im ersten Jahr nach Abschluß des Concordates die „Studien über das österreichische Concordat" heraus. Diese gelehrten Studien sind ein geistiges Schwert zur Vertheidigung des Concordates und für die Freiheit der Kirche; „die freigeborne Tochter des Himmels soll nicht mit gebundenen Händen und einem Zwangspasse von Staats wegen die Menschen ihre Wege führen." Der gelehrte Scarpini übersetzte die „Studien" ins Italienische; auf solche Art kamen sie auch in die Hände des hl. Vaters Pius IX., welcher das Buch mit Freuden las, jene Stellen, die ihm besonders gefielen, eigens anmerkte und dieselben auch dem Fürsten Hohenlohe vorlas, wie Dr. Flir unter'm 29. August 1856 aus Rom meldete.

Gott fügte es, daß Feßler in demselben Jahre (1856) selber nach Rom kam. Eine Lehrkanzel des Decretalen-Rechtes sollte an der Wiener Universität errichtet werden und der geeignete Mann hierfür schien Feßler zu sein. Um ihm die nöthigen Vorstudien zu erleichtern, gewährte ihm das Unterrichtsministerium einen 6 monatlichen Urlaub und auch ein Reisepauschale, damit er in Rom der Hauptstadt der Christenheit, woselbst die größten canonischen Rechtsgelehrten damals glänzten, das Studium der

Decretalen betreiben konnte. Anfangs März (1856) kam Feßler in Rom an und blieb daselbst bis 13. August desselben Jahres. Der hl. Vater empfing ihn während der Zeit zweimal in Audienz und erzeigte ihm viel Liebe und Wohlwollen; die Cardinäle Santucci, Brunelli, Capalti verkehrten gerne mit dem österreichischen Canonisten. Der Magnet für ein religiöses Gemüth sind aber in Rom stets die ehrwürdigen Heiligthümer. So zog es auch Feßler sehr zu St Peter, zum Grab des hl. Petrus, und zu den anderen Hauptkirchen Roms. Bei dem großen Interesse, welches er für das liturgische Studium hatte, bildeten die heiligen Ceremonien zu Ostern eine der vorzüglichsten Freuden seines Herzens. Während des Aufenthaltes in Rom empfing er leider auch eine sehr schmerzliche Nachricht aus Brixen; der geliebte Fürstbischof Galura, sein hoher Gönner und väterlicher Freund, war am 17. Mai (1856) gestorben. Sonst sagt man sprichwörtlich: die Zeit heilt jeden Schmerz; bei Feßler konnte nur die Arbeit den Schmerz heilen. Am 13. August reiste er wieder von Rom ab, um nach Wien zurückzukehren.

Unterm 8. October desselben Jahres wurde Feßler zum **Professor des Kirchen- und Decretalen-Rechtes** ernannt; sofort trabirte er im neuen Schuljahr auch dieses letztere, obschon es für die Hörer des canonischen Rechtes noch nicht obligatorisch war. Nebst der neuen Professur brachte ihm dieses Jahr auch anderweitige Aemter; er wurde im December Vertheidiger des Ehebandes beim f. erzbischöflichen Ehegericht und f. erzbischöflicher **Consistorialrath**; das k. k. Unterrichtsministerium ernannte ihn zum außerordentlichen **Prüfungscommissär** für das canonische Recht bei der rechtshistorischen Staatsprüfungscommission. Diese doppelte Auszeichnung war Feßler weniger um seiner selbst, als um seiner lieben Mutter willen werth, indem ihr dieses in der letzten Krankheit noch eine kindliche Freude verursachte. Leider mußte sie schon am 20. December (1856) das Zeitliche verlassen und in das Haus ihrer Ewigkeit eingehen. Dies war ein schwerer Verlust für den Sohn, der seine Mutter so zärtlich liebte. Das Jahr 1856 ging also unter Trauer zu Ende!

Im folgenden Jahre (1857) beschäftigte sich Feßler sehr viel mit der Verfassung von **Commentarien** zu den Büchern der Decretalen; die Ferien brachte er großentheils an dem so

theuren Gnadenort Maria Einsiedeln zu; da lebte er still und
froh wie ein glücklicher Ordensmann und machte sich Excerpte
aus dem Bullarium. — Erst im Jahre 1858 konnte wieder der
hl. Cäsarius ein Gegenstand seiner Studien werden; er dachte
schon daran, da die Quellensammlung nun beendet schien, das
reiche Material zu verarbeiten; schon freute er sich auf jene
stille Arbeit während der Feriensaison in Dornbach: da kam
unversehens ein nicht zu beseitigendes Hinderniß.

Der päpstliche Nuntius am kaiserl. Hof zu Wien Mfg. de
Lucca, Erzbischof von Tarsus hatte im Auftrag des
Papstes Niederungarn, Rumänien und Siebenbürgen zu bereisen,
um die Verhältnisse der griechischen zur lateinischen Kirche dort
wahrzunehmen und zu regeln. Die reichen Kenntnisse Feßlers
in den kirchengeschichtlichen und kirchenrechtlichen Angelegenheiten
veranlaßten den päpstlichen Nuntius, für diese Bereisung Feßler
zum Begleiter sich zu erbitten. Unter den Strapazen dieser
canonischen Visitationsreise gingen die Ferien vorüber. Kaum
hat sich Feßler davon etwas erholt — er ward nämlich am
Ende etwas leidend — so kam eine neue Arbeit. Der Metropolit
der österreichischen Kirchenprovinz Se. Eminenz Card. Rauscher
hatte eine Provinzialsynode einberufen, die am 18. October 1858
eröffnet wurde. Dr. Feßler wurde von dem Metropoliten mit
Zustimmung der Suffraganbischöfe zum zweiten Promotor
des Concils ernannt.

In welch' hervorragender Weise Feßler an den Arbeiten
des Concils theilgenommen hat, läßt sich leicht aus den Aus=
zeichnungen wahrnehmen, welche ihm nach Schluß desselben ge=
worden sind. Se. Majestät der Kaiser ernannte ihn über Vor=
schlag des Cardinal Fürst=Erzbischofes am 3. December (1858)
zum Ehrendomherrn des Wiener Metropolitan=
kapitels; und zwei Monate hernach verlieh ihm der hl. Vater
Pius IX. die Würde eines geheimen Kämmerers.

Während derselben Zeit aber ließ das österreichische Concordat,
zu dessen Schutz Feßler die „Studien" herausgegeben hatte, die
gegnerischen Gemüther noch immer nicht zur Ruhe kommen, im
Gegentheil wurde es mehr und mehr der Zielpunkt der kirchen=
feindlichen Angriffe. Es war besonders Einer von den Artikeln
des Concordates den Gegnern sehr mißfällig, nämlich, daß
die Staatsgewalt ihre Mitwirkung zur Durchführung des

kirchlichen Bücherverbotes gewährte; als ob nicht der Staats=
gewalt in ihrem eigenen Interesse daran gelegen sein dürfte,
glaubenslose und sittenverderbliche Bücher zu verbieten und zu
unterdrücken. Auf rechtshistorischem Standpunkt zeigte dies
Feßler in der Schrift: „Das kirchliche Bücherverbot",
welche noch im Jahre 1858 erschien. — Hierauf fingen wieder die
Protestanten an, gegen das Concordat Sturm zu laufen; es
waren ihnen die zur Begünstigung der katholischen Kirche
gegebenen Bestimmungen ein Dorn im Auge und das Häuflein
Protestanten in Oesterreich, unterstützt und animirt von der
preußischen und im preußischen Dienste stehenden Presse, erhob den
Rechtsanspruch der Parität mit den Katholiken in allen und
jeden Beziehungen. Feßler ergriff abermals die Feder und
zeigte in der bei Herder in Freiburg erschienenen Schrift:
„Ansprüche der Protestanten in Oesterreich", wie
unbillig das Verlangen der Protestanten in gewissen Punkten
sei. Indessen erlangten sie durch das Protestantenpatent vom
1. September 1859 die gewünschte Freiheit und schienen eine Zeitlang
sich zu beruhigen. Für Feßler gab es aber schon im nächsten Jahr
wieder eine Gelegenheit, für die heil. Kirche mit der Feder einzutreten.

Am 29. März 1860 wurde in Rom das Excommunications=
breve publicirt, durch welches die Berauber des römischen
Stuhles als dem Kirchenbanne verfallen erklärt wurden. Dieses
Ereignisses bemächtigten sich die kirchenfeindlichen Zeitungen,
um gegen das Oberhaupt der Kirche und die ultramontane
Macht anzukämpfen, indem sie unter Anderm von einer gar
schauerlichen Excommunicationsformel, deren sich der Papst be=
dient haben soll, schrieben, und daß der Papst durch seinen Bann=
strahl den Regierungen Gefahren bereiten wolle. Da überhaupt
die öffentliche Meinung über das Wesen der Excommunication
schlecht orientirt zu sein schien, so gab Feßler als einen Weg=
weiser in der Richtung den „Kirchenbann und seine
Folgen" heraus. Sehr verdient machte sich Feßler für die
kirchliche Sache in demselben Jahr auch noch durch die Ver=
öffentlichung jenes Werkes, durch welches er auf historischem
Wege nachwies, daß die Kirche Christi von Anbeginn ihre eigene
äußere Gerichtsbarkeit besessen habe, und daß man in Oesterreich
durch das Concordat (Artikel 10—14) nur zu der seit längerer
Zeit gestörten altchristlichen Einrichtung zurückgekehrt sei. Er

betitelt diese Frucht seiner Studien über die Decretalen: „Der canonische Proceß nach seinen positiven Grundlagen und seiner ältesten historischen Entwickelung in der vorjustinianischen Periode."

Die antikirchliche Zeitströmung schwemmte mit der fortschreitenden Zeit (1861) neue Zornesfluthen gegen den Felsen im Meere, gegen die heilige Kirche. In Oesterreich ward die Loosung ausgegeben: Revision des Concordates und Aufhebung desselben. Feßler nahm wieder die Feder zur Hand, und schrieb, um den Lärm der Presse zu beschwichtigen, über die „Revision des Concordates", indem er darlegte, daß ernste Gründe zur Aenderung des Concordates nicht vorhanden seien, daß das, was bisher für Revision des Concordates vorgebracht worden, durchaus nichtig und unhaltbar sei.

Da der neue Staatsminister in Oesterreich Ritter v. Schmerling durch sein Rundschreiben an die Statthalter die Protestantenfrage aufs Tapet gebracht und diese Frage zu einer „brennenden" in Oesterreich gemacht hatte, so wurden darüber wieder verschiedene Stimmen aus der Mitte der Protestanten laut. Es war wichtig, auch eine katholische Stimme in der Sache zu vernehmen, besonders da es sich im Wesentlichen um das Verhältniß der Protestanten zur katholischen Kirche handelte. Feßler veröffentlichte daher eine geeignete Schrift über diesen Gegenstand: „Die Protestantenfrage in Oesterreich". Und weil in dem Verhältniß der Protestanten zur katholischen Kirche die Ehen zwischen Protestanten und Katholiken die wichtigste Seite bildete, auch der Kirche daran gelegen war, daß ihre unveräußerlichen Rechte in der Frage ihr weder geschmälert noch entrissen würden, so hielt es Feßler, welchen wir mit Recht einen Apologeten der Kirche nennen könnten, für sehr ersprießlich, über die wichtigsten gemischten confessionellen Angelegenheiten noch in demselben Jahre (1861) eine eigene Schrift: „Zur Orientirung über die gemischten Ehen in Oesterreich und andere damit verwandte Fragen" in Druck zu geben.

Das Jahr 1861 zeigt uns Feßler nicht bloß in seiner bewundernswerthen apologetischen Thätigkeit für die Kirche in Oesterreich, sondern es läßt ihn uns auch auf dem diplomatischen Wege finden. Er erhielt vom österreichischen Hof eine geheime Mission nach Rom, um mit dem hl. Stuhle über Einiges, das immerfort Geheimniß blieb, zu verhandeln. Feßler reiste Ende Juli nach Rom, hielt sich dort 8 Tage auf und hatte während der kurzen Zeit zwei Audienzen beim heiligen Vater Pius IX. Der Abschied von der ewigen Stadt kam diesmal Feßler wohl leichter an, weil er die Hoffnung hegte, nach mehreren Wochen wieder dahin zurückzukehren. Er hatte sich nämlich vom Fürsterzbischof, sowie auch vom Unterrichts= ministerium die Erlaubniß nachgesucht, den Wintersemester 1861—62 in Rom zubringen zu können, um hier gleichsam an der Quelle des karonischen Rechtes auch die letzten zwei Bücher der Decretalen in der Weise zu studiren und zu erläutern, daß „jedes einzelne Rechtsverhältniß in seinen Wurzeln und ersten Anfängen erfaßt, in seinen vornehmsten Entwickelungsstadien beleuchtet, und so der Standpunkt der kirchlichen Gesetzgebung in den Decretalen=Sammlungen begründet und anschaulich gemacht würde." Schon vor der letzterwähnten Romreise wurde ihm zu dem Ende der angesuchte Urlaub gewährt; daher konnte er sicherlich hoffen, daß er Rom über ein Kurzes wieder sehen werde. In der That kam Feßler Mitte September wieder in die römische Weltstadt, um jenen wissenschaftlichen Zweck zu erreichen.

Als Feßler in Rom angekommen, war es auch diesmal sein Erstes, St. Peter zu besuchen und sich dem Schutz der heil. Apostel= fürsten zu empfehlen. Zur selben Zeit veröffentlichte der be= kannte Passaglia, der durch seinen Abfall der Kirche Gottes einen großen Schmerz bereitet hatte, einige gegen den römischen Stuhl gerichtete Schriften („Pro causa Italica"). Feßler, der treue Sohn der Kirche und Kenner der Geschichte, nahm sich dieser seiner beleidigten Mutter mit allem Eifer an und wies die böswilligen Angriffe des Gegners siegreich zurück in der 81 Seiten zählenden Defensio Ecclesiae Romanae et Catholicae contra auctorem pro causa Italica. Ohne Zweifel wollte sich der heilige Vater für diesen großen der Kirche erwiesenen Dienst dankbar erzeigen, indem er Feßler am 27. November (1861) zu seinem Hausprälaten ernannte. Im Jänner des nächsten Jahres gab Pius IX. dem so Ausgezeichneten einen neuen Beweis der Hochschätzung und Liebe; er ernannte ihn zum Consultor der neu errichteten Congregation für die Angelegenheiten der unirten Orientalen, in welche nur be= rühmte Männer als: Theiner, Franzelin, Zingerle, Haneberg berufen wurden. — Bei den gelehrten Studien vergaß Feßler keineswegs die Uebungen der Andacht. Das zeigt sein Brief an die Geschwister vom 1. Februar 1862 recht schön durch die folgende Stelle: „Ich gehe jetzt gleich in das Amphitheater d. h. an den Ort, wo der heil. Ignatius von den Löwen zerrissen wurde und sein Blut die Erde tränkte. Man kennt noch genau und sicher die Stelle, wo dies geschehen ist und ich werde an derselben mein Brevier beten." So ehrte Feßler die heiligen Orte in Rom.

Es kam nun die Zeit, wo Gott seinen treuen Diener noch mehr auf den Leuchter stellen wollte. Am 2. April 1862 unterbreitete der Fürstbischof von Brixen dem heil. Vater die Bitte, er möge Feßler zum Weihbischof für das erledigte Generalvicariat Vorarlberg präconisiren. Der Papst empfand darüber eine große Freude, was man daraus erkennen kann, daß er schon Tags darauf Feßler von der ihm vorgelegten Bitte Mittheilung machen ließ und ihm am 5. April einen sehr kostbaren silbernen Hirtenstab als Geschenk überschickte. Am 7. April (1862) erfolgte die Präconisirung. Feßler schrieb am 12. April aus Rom an seine Geschwister: „Der Papst hat mich mit dem Titel als Bischof von Nyssa zum Weihbischof von Brixen und Generalvicar von Vorarlberg bestimmt. Ich hoffe, Gott wird mir die Gnade verleihen, diese wichtige Stelle, die ich nicht gesucht habe, zum Wohle meines Vaterlandes und meiner lieben Landsleute gut zu verwalten. Betet darum!"

V. Weihbischof und Generalvicar von Vorarlberg.

Die unvorhergesehene Erhebung zur bischöflichen Würde nöthigte nun Msg. Feßler, die Studien über die Decretalen abzubrechen und Rom zu verlassen, um an dem Orte, welchen ihm die Vorsehung angewiesen hat, seinen bischöflichen Beruf zu erfüllen. Am 14. April hatte er die Abschiedsaudienz beim hl. Vater, welche ziemlich lange währte. Zum Schluß der Audienz erbat sich Feßler den Segen des heil. Vaters und die Vollmacht, Rosenkränze, Kreuze und Medaillen mit den päpstlichen Abläßen weihen zu dürfen. Pius IX. gewährte diese erbetene Facultät mit den Worten: Pro gratia ad decennium. Merkwürdiger Weise hat sie auch Feßler nur auf zehn Jahre benöthigt.

Auf den Abschied von Rom folgte der nicht minder schmerzliche von Wien und den liebsten Freunden, die er in der fast zehnjährigen Wirksamkeit daselbst gewonnen. Weihbischof Zenner, Kutschker, Widmer, Schwetz, Columbus, Baron Biegeleben, Arndts, Philipps, Bergmann, von Hurter zählten zu den guten Freunden Feßler's in Wien. Nicht minder schwer fiel ihm der Abschied vom Institut zum heil. Augustin, welches seinem musenfreundlichen Geiste so sehr zusagte. Er begab sich von Wien vorläufig nach Brixen, um hier auf die Bischofsweihe sich vorzubereiten. Der hochw. Fürstbischof von Brixen Vincenz Gasser ertheilte ihm dieselbe am 18. Mai unter Assistenz der beiden Bischöfe Riccabona von Trient und Rudigier von Linz. Welch' dankbares Magnificat mochte nicht da aus seinem frommen Herzen zu Gott emporsteigen, wenn er die Führungen Gottes während der abgelaufenen 25 Priesterjahre überdachte, oder der Zeit sich erinnerte, als er mit Gasser und Rudigier, die ihn nun zum Bischof weihten, am theologischen Seminar das Lehramt versehen hatte!

Erst am 16. Juni (1862) konnte Bischof Feßler die Verwaltung des Generalvicariates übernehmen, und in seine Residenz zu Feldkirch einziehen. Seine Landsleute bereiteten ihm den großartigsten Empfang, den ein Bischof haben kann. Sie ehrten ja in dem Ankommenden einen Sohn des Vaterlandes, den Mann ihres Vertrauens; den eifrigen Priester, den Gelehrten, den Prälaten des heiligen Stuhles, ihren von Gott gesetzten Bischof.

Was der hl. Hieronymus im 62. Brief schreibt: Ein Vater und ein Bischof soll geliebt, nicht gefürchtet sein (Amari parens et Episcopus debet, non timeri), das scheint sich Feßler zur Richtschnur genommen zu haben. Sein freundliches und liebevolles Entgegenkommen gewann ihm die Herzen auch derjenigen, die ihn früher nicht kannten. Es zeigte sich dies gleich bei der ersten Bereisung seines Vicariates, die er noch im Herbste desselben Jahres (1862) vornahm, um zugleich allerorts die heilige Firmung auszuspenden. Kein Berg war ihm zu hoch, kein Weg zu beschwerlich, wenn es galt, einem vereinsamten Theile seiner Heerde als der gute Hirt sich zu zeigen und ihren Seelennutzen zu befördern. Seiner unermüdlichen Sorge und der klugen Art des Handelns gelang es auch, langjährige Streitigkeiten in verschiedenen Gemeinden zu schlichten.

Durchdrungen von dem Gedanken, daß das Heil des christlichen Volkes vornämlich von der Heiligung seiner Priester abhängt, trachtete Bischof Feßler etwas zur größeren Vervollkommnung der Priesterschaft beizutragen, indem er im J. 1863 den Stimulus pastorum des ehrw. Dieners Gottes, Bartholomäus a Martyribus, Erzbischofs von Braga, als ascetisches Handbuch, und im folgenden ein anderes geistliches Buch desselben ehrw. Bartholomäus, das Compendium spiritualis doctrinae der Oeffentlichkeit übergab.

Die bischöfliche Wirksamkeit Feßler's im Heimathslande wurde bereits im zweiten Jahre unterbrochen; eine diplomatisch-kirchliche Mission beim heiligen römischen Stuhle, zu welcher von der österreichischen Regierung Bischof Feßler ausersehen ward, machte einen längeren Aufenthalt desselben in Rom nothwendig. Die Ziele der österr. Regierung in jenen Unterhandlungen mit Rom sind damals verhüllt geblieben, haben sich aber später durch den Staatsminister Schmerling selbst etwas verrathen. Feßler trat am 1. Mai 1863 die Reise nach Rom an. In St. Gallen weihte er seinen geliebten Freund Dr. Carl Johann Greith zum Bischof und edirte zu diesem feierlichen Anlasse in St. Gallen die liturgisch interessante Schrift: „Die Bischofsweihe und Bischofswürde in der katholischen Kirche, dargestellt und erklärt aus dem römischen Pontificale." In Rom angekommen leitete Feßler die Verhandlungen mit dem heil. Stuhle alsbald ein; er hatte Audienz beim heil. Vater und beim Cardinal Antonelli. Doch sowohl die Schwierigkeit, welche die Verhandlungspunkte darboten (Mischehen, Uebertritt von einer Confession zu andern und damit verwandte Fragen), als auch die römischen Kanzleiferien verzögerten den Verlauf der Verhandlung und zogen den Aufenthalt Feßler's in die Länge. Es ward ihm dadurch verstattet, im Juni von Rom nach Trient zu kommen, um der dreihundertjährigen Säcularfeier des letzten allgemeinen Conzils von Trient beizuwohnen. Nach mehrtägigem Aufenthalt daselbst (vom 21. Juni bis 5. Juli) kehrte er wieder nach Rom zurück. Wegen der großen Sommerhitze hielt sich Bischof Feßler während einiger Monate gewöhnlich nicht in der Stadt Rom auf, sondern in Rocca di Papa, welches mehrere Stunden entfernt, hoch und angenehm in der Diöcese Frascati gelegen ist. Da der Cardinal Erzbischof von Frascati zu derselben Zeit an einer Krankheit darniederlag, so ermächtigte

er Bischof Feßler in Rocca di Papa die heilige Firmung auszu=
spenden. Dies hob das Ansehen des „deutschen Bischofes" in
den Augen der Italiener nicht wenig.

Der Aufenthalt Feßler's in Rom wegen der Concordats=
revision hinsichtlich der früher genannten Punkte dauerte bis Ende
Februar (1864). Im Ganzen mußte die Mission als gescheitert
erachtet werden, da die Hauptforderungen der österreichischen Re=
gierung von dem heil. Stuhle nicht zugestanden werden konnten.
Feßler sah wohl voraus, daß er seine Aufgabe nicht im Sinne
der Regierung werde lösen können, doch mußte es zur Klärung
des beiderseitigen Standpunktes, des staatlichen und kirchlichen,
nur erwünscht sein, daß ernstliche Erwägungen über die wichtigsten
obschwebenden Punkte gemacht wurden.

Uebrigens hatte Bischof Feßler, ob er auch in der politisch=
kirchlichen Mission wenig ausrichtete, gleichwohl einen besondern
Beweis der Liebe und des Wohlwollens vom heil. Vater erhalten.
Der heil. Vater schenkte ihm nämlich für das Kloster oder viel=
mehr die Klosterkirche in Riedenburg bei Bregenz als Reliquie
den heiligen Leib der Jungfrau und Martyrin Theodora. In
Riedenburg bestand schon seit 1854 ein Pensionat unter den Damen
du Sacre Coeur. Als Feßler die Leitung des Generalvicariates
übernommen, wurde der Anfang zum Bau einer Klosterkirche da=
selbst gemacht. Vor der Romreise weihte er den Grundstein ein;
bei diesem Anlaß unterbreiteten die beiden Töchter des Herzogs
von Parma, die eben im Pensionat ihre Erziehung erhielten,
Prinzessin Alice, jetzt Großherzogin von Toscana, und Mar=
garetha, jetzt Gemahlin des Prinzen Don Carlos, Kron=
prätendenten in Spanien, dem hochwürdigsten Bischof die Bitte,
er möge für die Kirche und das Kloster heilige Reliquien von
Rom mitbringen. Welch eine große Freude gab es nun in Rieden=
burg, da der Bischof eine so kostbare Reliquie, den Leib der heil.
Theodora, von Rom überbrachte!

Am 8. März (1864) war Bischof Feßler nach fast ein Jahr
langer Abwesenheit wieder bei seiner Heerde. Zur selbigen Zeit
wurde eben der Landtag für Vorarlberg in Bregenz eröffnet.
Wie überall, so zeigten sich auch auf dem kleinen Landtag die
Liberalen sehr rührig; hingegen waren die Conservativen bis dahin
weder so rührig noch auch festgekittet, zumal manche lieber eine
gewisse Doppelpolitik beobachten, als in freimüthiger Opposition

auftreten wollten. Es hatte den Conservativen bis dahin auch an der geeigneten Führung gemangelt. Als Feßler in den Landtag kam, war er der natürliche Führer der Conservativen; ehe sich's die Gegner versahen, mußte Feßler die Schwankenden der katholischen Partei zu gewinnen und in ihrer besseren Ueberzeugung zu bestärken. Der Erfolg war ein glänzender; die früher siegesgewissen Liberalen blieben bei den nunmehrigen Abstimmungen in der Minorität. Sie verkannten keineswegs den Urheber dieses Umschwunges; denn eines schönen Morgens bekamen alle Abgeordneten der conservativen Partei per Post jeder ein Briefchen in die Wohnung und in dem Briefchen befand sich nichts als ein rothes Strümpfchen. Doch die kleinliche Rache half nichts; nicht einmal an einer Entrüstung der Conservativen sollten sie sich freuen können; denn diese lachten nur über den stillen Aerger ihrer Gegner und meinten, zu „dem einen Strümpfchen müßte man sich noch ein zweites verdienen."

Die Zeit des Aufenthaltes in Bregenz, um an dem Landtag theilzunehmen, benützte Feßler auch dazu, den Gläubigen das Wort Gottes zu verkünden; er hielt unter einer sehr großen Theilnahme des christlichen Volkes in der Stadtpfarrkirche an den Sonntagen die Fastenpredigten. An Wochentagen konnten sich die beiden nahe bei Bregenz gelegenen Klöster Riedenburg und Thalbach manchesmal des bischöflichen Besuches freuen. Den Dominikanerinnen zu Thalbach that Bischof Feßler besonders viel Gutes; sie hielten die strenge Clausur und der religiöse Zustand dieser Klostergemeinde war in solcher Blüthe, daß der Bischof selbst ein großes Vertrauen hatte, durch die frommen Gebete der Schwestern in Thalbach in den schwierigsten Lagen bei Gott Erhörung zu finden. In Feldkirch war es das Pensionat der Jesuiten, welches sich seiner vorzüglichen Liebe und Gewogenheit zu erfreuen hatte; er besuchte dasselbe oftmals und es gab fast kein Fest im Hause, an dem nicht auch der Bischof theilnahm oder den Gottesdienst abhielt. Desgleichen lag ihm das Gedeihen und die Zunahme des katholischen Gesellenvereins, welchen sein Sekretär Hr. Fritsch mit vieler Umsicht leitete, sehr am Herzen, und er ließ keine Gelegenheit vorübergehen, wenn es galt, den braven Gesellen eine Freude zu bereiten. Um den Armen ausgiebiger und vortheilhafter Unterstützung zu verschaffen, die würdigen von den weniger würdigen zu unter-

scheiden, rief Bischof Feßler auch einen Frauen=Wohlthätig=
keits=Verein in's Leben. Kurz es gab keine Seite des Lebens,
der er nicht seine bischöfliche Sorge zuwandte, immer getreu blei=
bend den Symbolen seines Wappens, welches in dem einen Feld
den Pelican, die Liebe, und in dem andern den Löwen, die Kraft,
darstellte; immer auch voll frommer Zuversicht auf den göttlichen
Beistand, wie es der Wahlspruch ausdrückt: Deus providebit
(Gott wird vorsehen).

Gott hatte sich Bischof Feßler für einen noch größeren Wirkungs=
kreis ausersehen. Der bischöfliche Stuhl der Diöcese von St. Pölten
mit mehr als einer halben Million Seelen war schon längere Zeit
erledigt; da brachte endlich am 23. September 1864 die amtliche
Wiener Zeitung die Meldung, daß Se. Majestät der Kaiser den
bisherigen Weihbischof und Generalvicar zu Feldkirch Dr. Josef
Feßler zum Bischof von St. Pölten ernannt habe. Die
Diöcese St. Pölten, in welcher der Name des neuen Bischofs schon
vordem mit Hochachtung genannt wurde, war über dieses Ereigniß
sehr erfreut. Hingegen empfanden die Gläubigen in Vorarlberg
ein herzliches Leid, daß sie ihren Bischof verlieren sollten. Und
wie verhielt sich der Ernannte selbst bei dieser Kunde? Gewohnt
in Allem den Willen Gottes zu erfüllen und dem Walten der
ewigen Vorsehung sich zu unterwerfen, wollte Feßler auch in dieser
wichtigsten Angelegenheit nichts Anderes thun. Es bangte ihm
wohl vor dem schweren Amt, eine so große Diöcese zu regieren,
doch wurde er nicht ängstlich und fing an, sich mehr noch mit
Gebet zu stärken.

VI. Bischof von St. Pölten.

Eine Woche nach der erfolgten Ernennung zum Bischof von
St. Pölten unternahm Feßler eine Wallfahrt nach Maria Ein=
siedeln, um sich der heiligen Gottesmutter bei dem neuen Wende=
punkt seines Lebens anzubefehlen; denn es fiel ihm schwer auf
das Herz, in weiter Entfernung von dem Heimathslande die
Leitung einer so großen Diöcese zu übernehmen. Er offenbarte
seine Bekümmerniß darüber dem hl. Vater Pius IX. in einem
Schreiben vom 30. Decbr. (1864), worin er sagte: „Es fällt mir
schwer, die Heimath zu verlassen, wo ich die Liebe und das Ver=
trauen der Gläubigen besaß, und in ein fremdes Land zu ziehen,

wo ich fast Niemand kenne und über Land und Leute nicht orientirt bin. Mit 50 Jahren lernt man das auch nicht mehr leicht, und auf fremden Rath gestützt eine Diöcese zu regieren hat seine Gefahren. Das mußte ich Euerer Heiligkeit sagen, um mein Seelenheil zu wahren." Der heilige Vater gab aber bei den vortrefflichen Eigenschaften des Erwählten keiner Beunruhigung Raum und confirmirte ihn im Frühlings-Consistorium am 27. März 1865 als Bischof von St. Pölten. Es hieß also Abschied nehmen von der Heimath, und in die Diöcese St. Pölten übersiedeln.

Am heiligen Ostermontag (17. April 1865) hielt Feßler an die Gläubigen zu Feldkirch seine letzte Predigt. Das Festevangelium mit der liebreich drängenden Bitte: Mane nobiscum, „Bleibe bei uns", ließ die Beziehung auf den bevorstehenden Abschied des guten Hirten nicht verkennen. Einige Worte derselben Predigt sollen hier eine Stelle finden. „Ihr saget auch," sprach er unter Anderem, „Ihr saget auch: Bleibe bei uns. Ich habe darauf die Antwort: Es ist der Wille Gottes, daß ich von hier scheide. — Das Leben ist nur eine kurze Spanne Zeit, so daß wenn wir auch jetzt uns trennen, doch das Wort des Herrn auf uns seine volle Anwendung findet: Ueber ein Kleines werden wir uns wiedersehen; denn wenn wir uns auch hier auf Erden nicht mehr sehen sollten, so werden wir uns doch, wofern wir in der Gemeinschaft des Wortes Gottes treu und emsig bis an's Ende ausharren, gewiß wieder zusammenfinden in der herrlichen Anschauung Gottes, wo es keinen Schmerz der Trennung mehr gibt." Die augenblickliche Trennung fiel aber doch den Gläubigen, die ihren Oberhirten liebten, überaus schmerzlich und ihre vielen Thränen waren die Sprache des Schmerzes. Tags darauf erfolgte die Abreise. Das nächste Ziel der Reise war Maria Einsiedeln, um an diesem Gnadenort den Segen Gottes für sich und die neue Diöcese zu erbitten. Er weilte daselbst eine ganze Woche; da an der Marianischen Gnadenstätte bereitete er die ersten Ansprachen für die Gläubigen der Diöcese St. Pölten vor.

Der Tag, welchen die Geistlichkeit und das gläubige Volk des Bisthums St. Pölten ersehnte, war endlich erschienen, der Tag, an welchem der neue Oberhirt seine Ankunft festgesetzt hatte. Es war ein Samstag, der 29. April 1865. Die Stadt des heil. Hippolytus war festlich mit Kränzen, Teppichen und Triumphpforten geschmückt. Clerus und Volk beeilten sich, dem neuen

Oberhirten ihre Ehrfurcht und Freude zu bezeigen. Das schönste Wetter des Himmels begünstigte den feierlichen Einzug. Am nächsten Tag fand die feierliche Inthronisirung statt. Es war der zweite Sonntag nach Ostern. Die Theilnahme an der Feierlichkeit war eine ungeheure. Unter den Civil-Notabilitäten, welche aus der Ferne erschienen waren, sind insbesonders der Statthalter von Niederösterreich, Graf Chorinsky, die beiden Reichsrathsabgeordneten von Vorarlberg, Froschauer und Wohlwendt, Regierungsrath Arndts und Statthaltereirath Roßmanith zu nennen. Beglückwünschende Telegramme langten aus Rom und Feldkirch ein. In der lateinischen Ansprache an den Clerus handelte der inthronisirte Oberhirt von den Eigenschaften des guten Hirten; in der deutschen an das Volk redete er von dem Glauben und mahnte zum treuen Festhalten an demselben. Abends war die Stadt beleuchtet. Dies ist nur ein schwaches Bild von der erhebenden Freude, welche am 30. April 1865 in St. Pölten herrschte, als der neue Oberhirt Dr. Joseph Feßler von dem bischöflichen Stuhle Besitz nahm.

Bischof Feßler, in der Reihenfolge der Bischöfe von St. Pölten der eilfte, übernahm so die Regierung der Diöcese. Die Diöcese St. Pölten zählt bei 541,900 Seelen, enthält 20 Decanate, 402 Pfarren mit 650 Seelsorgern, 8 Stifte mit circa 400 Mitgliedern, 8 kleinere Convente mit etwa 80 Bewohnern, 5 Frauenklöster, die bei 110 Mitglieder beherbergen, 1 Priesterseminar und 1 Knabenseminar und überdieß zwei andere bischöfliche Institute, die bischöfliche Taubstummen-Lehranstalt und die bischöfliche Frintische Arbeitsschule für arme Mädchen in St. Pölten. Eine so ausgedehnte Diöcese zu leiten, so vielen Seelen Führer zum Himmel sein, macht die Last des bischöflichen Amtes noch schwerer, als sie schon an sich ist; darum mahnte Bischof Feßler beim Antritt dieses Bisthums die Gläubigen sehr, daß sie für ihn beten mögen: „Betet Alle für mich, sowie ich täglich für Euch beten werde."

Das Erste, auf was die Gläubigen in der Bischofsstadt ihr Augenmerk richteten, war, zu sehen und zu beobachten, wie denn der neue, aus der Ferne gekommene Oberhirt sein eigenes Haus und seine Lebensweise einrichte. Schon da sollten sie gleich manches Gutes lernen. Bischof Feßler richtete seine Residenz auf die einfachste Weise ein; nirgends wollte er überflüssigen Aufwand weder bei Tisch, noch in dem Mobiliar. Es fiel förmlich auf, daß er nicht einmal eine eigene Equipage sich hielt. Hätte nicht bald die großmüthige Wohlthätigkeit des Bischofs den augenscheinlichen Beweis geliefert, daß sein Herz nicht an Geld und Gut hänge, so würde man geneigt gewesen sein, jene Einschränkung zu mißdeuten. Auch ein Haus des Gebetes war die bischöfliche Residenz. Bischof Feßler hielt täglich Abends gemeinschaftlich mit seinem Hausgesinde eine Rosenkranzandacht, wobei er selbst am Schlusse des Rosenkranzes die Litanei vorbetete und drei Vater unser hinzufügte, indem er die Intention eines jeden Vater unsers vorsagte: „für den Papst", „für den Kaiser", „für die armen Seelen". Kein Diener durfte nach dem Gebet noch aus dem Hause gehen. Da konnten die Hausväter lernen, wie ein jeder seinem Hause vorstehen soll.

Im ersten Sommer bereiste Bischof Feßler seine Diöcese, um das heil. Sakrament der Firmung zu spenden und Land und Leute kennen zu lernen. Die hl. Firmung spendete er in demselben Jahre an 34,760 Personen.

Im September (1865) erschien das zweite Hirtenschreiben; es behandelte die Encyclika Sr. päpstl. Heiligkeit Pius IX. vom 8. Dezbr. 1864. Die oberhirtliche Sprache in demselben ist so einfach, klar und gewinnend, daß gewiß auch ein jeder etwas unterrichtete Gläubige die Irrthümer der Zeit einsehen und die Gründe, weßhalb der Papst sie verworfen habe, leicht begreifen konnte. Zum Beleg führen wir daraus die folgende Stelle an: „Der Papst verwirft die jetzt gleichfalls weit verbreitete falsche Ansicht, daß die Familie nach ihrer ganzen rechtlichen Seite nur auf Grund des bürgerlichen Gesetzes bestehe und somit auch die Rechte der Eltern über die Kinder, besonders ihr Recht für die Erziehung und Unterricht der Kinder zu sorgen, nur auf dem Staatsgesetze beruhen, durch welche schlechte und falsche Ansicht man die Erziehung und den Unterricht der Jugend den Händen der Geistlichkeit entziehen und die heranwachsende Jugend selbst von dem Einflusse der Religion losreißen will. Indem der Papst diese falsche Ansicht verdammt, will er jedem katholischen Vater und jeder katholischen Mutter ihr natürliches Recht schützen, daß sie ihre Kinder ebenso können gut und katholisch erziehen und unterrichten lassen, wie sie selbst erzogen und unterrichtet worden sind. Dieses heilige Recht der Eltern, bei dessen Ausübung sie ihrerseits dem göttlichen Gesetze unterworfen sind, welches allen Eltern befiehlt, ihre Kinder in der Furcht Gottes zu erziehen, will man ihnen durch die eben zuvor genannte falsche Ansicht nehmen. Alle wahrhaft katholischen Eltern müssen dem Papste dafür danken, daß er sie in ihrem Rechte, ihre Kinder katholisch erziehen zu lassen, schützt und ihnen hilft. Diejenigen Menschen aber, welche heutzutage dieses Recht der Eltern anfeinden und die oben erwähnte falsche Ansicht vertheidigen und zu verbreiten suchen, wissen recht gut, daß die Revolutionen dort am leichtesten gelingen, wo die Jugend ohne Religion aufwächst, und so allen Künsten der Verführung und allen bösen Leidenschaften schutzlos preisgegeben ist; daher suchen sie im Schulunterrichte die Religion womöglich ganz zu beseitigen, oder doch, so viel nur immer thunlich ist, einzuschränken, auch die Religionsübungen, ohne welche der Religionsunterricht ein leerer Schall bleibt, bei den Schulen abzuschaffen. Hütet euch Geliebte, vor diesen falschen Ansichten, deren Folgen ihr vor Augen sehet." Aus der angeführten Stelle mag man erkennen, welch' ein Meister in der populären Redeweise der gelehrte Bischof war und wie diplomatisch klug er zu sagen verstand, was in anderer Weise schon nicht mehr gesagt werden konnte, ohne auf Hindernisse der k. k. Staatsanwaltschaft zu stoßen.

Es kam das für Oesterreich verhängnißvolle Jahr 1866. Mit den Arbeiten des Friedens hat es angefangen. Bischof Feßler nahm ebenfalls im Januar an den Sitzungen des nieder= österreichischen Landtages in Wien Theil. In dem Fasten= hirtenbriefe redete er zu den Gläubigen von der Heiligung der vierzigtägigen Fasten; an den Fastensonntagen hielt er die Nach= mittags=Predigten in der Domkirche über die heilige Messe, die immer= währende Erneuerung des blutigen Opfers am Kreuze. Bevor er das andere Werk des Friedens, die bischöfliche Visitation, wie sie der hl. Kirchenrath von Trient anordnete, unternahm, erließ er im Mai ein Hirtenschreiben an die Gläubigen und belehrte sie über den Zweck und die wohlthätigen und heil= samen Früchte einer bischöflichen Generalvisitation. Schon im Juni (1866) war er ausgereist, um das Decanat Waidhofen an der Thaia canonisch zu visitiren, als der unglückliche Krieg Oesterreichs mit Preußen und Italien aus= brach. Der bekümmerte Oberhirt erließ alsogleich aus der Propstei Eisgarn, wo er eben den Rasttag hielt, ein Hirten=

schreiben an die Diöcesanen und ermahnte sie in der hereingebrochenen schweren Kriegszeit zum eifrigen Gebet, zur Geduld und zum Vertrauen auf die Hülfe Gottes. Der Verlauf der Kriegsereignisse ist bekannt. Die Freude der patriotischen Oesterreicher über den Sieg des Erzherzogs Albrecht bei Custozza gegen die Italiener wurde bald von den Trauerbotschaften aus Böhmen, dem Kriegsschauplatz der Nordarmee, verdüstert. Die unglücklichen Schlachten bei Gicin (30. Juni) und bei Königgrätz (3. Juli) machten das Elend des Krieges voll. Bischof Feßler war bereits in seine Residenz zurückgekehrt. Da die siegreichen Preußen weiter gegen die Hauptstadt Wien vordrangen, wurde auch die Verwirrung und Angst unter den Leuten immer größer. Zweimal bestieg Feßler die Kanzel seiner Kathedralkirche, um die aufgeregten Gemüther zu beruhigen. Der Verwundeten, die von den Schlachtfeldern gebracht worden, waren so Viele, daß nicht genug Räumlichkeiten zu deren Unterbringung aufgebracht werden konnten. Bischof Feßler nahm nicht blos selbst 12 Verwundete in seine Residenz auf und verpflegte sie auf das Sorgfältigste, sondern ermahnte auch durch eine Currende die Seelsorger und die Gläubigen für geeignete Unterbringung und gute Verpflegung der Verwundeten zu wirken. „In der Zeit der Noth bewährt sich die Kraft der Liebe." „Die Liebe ist erfinderisch, auch wo die Mittel beschränkt sind. Gott wird gewiß reichlich belohnen, was die Liebe bereitwillig spendet." Bischof Feßler, welcher so seine Bisthumsangehörigen ermunterte, mußte sich aus wahrer Liebe zu dem Vaterlande große Opfer aufzulegen und Beschränkungen seines eigenen Hausrechtes sich zu unterziehen, indem er den größeren Theil der bischöflichen Residenz für die Militärkanzlei und den Generalstab unter dem Chef Baron Koller, dermaligen öst. Kriegsminister auf fast zwei Monate zur Verfügung stellte.

Den Friedensunterhandlungen folgte der Friedensabschluß und so konnte doch Gott sei Dank noch im Herbste des unheilvollen Kriegsjahres die Beschäftigung des Friedens wieder in Angriff genommen werden; Feßler unternahm die kanonische Visitation des beschwerlichen Decanates Oswald. Auch erhob er noch vor Ablauf dieses bewegten Jahres seine oberhirtliche Stimme, um den Klageruf des hl. Vaters Pius IX. von der am 29. October im geheimen Consistorium gehaltenen Allocution den Gläubigen mitzutheilen. Der Hirtenbrief bespricht in lebhaften Schilderungen die Leiden der heiligen Kirche und ihres Oberhauptes Pius.

Auch die bessere politische Aufklärung der Diöcesanen ließ Bischof Feßler sich sehr angelegen sein. Er erließ mit dem Beginn des Jahres 1867 ein ausführliches Hirtenschreiben über die Wahlen, da eben die Neuwahlen zum Landtag und durch diesen zum Reichsrath ausgeschrieben waren. Der Oberhirt zeigte insbesondere den Gläubigen, wie die Männer beschaffen sein sollen, welche in den Landtag gewählt werden. „Wie die Männer sind, die ihr wählet, so werden auch die Gesetze sein, welche sie wollen. Sind die Gewählten gut, so werden auch gute Gesetze für euch zu Stande kommen; sind die Gewählten schlecht und irreligiös, so werden auch die Gesetze, welche sie in Vorschlag bringen, schlecht und unbrauchbar sein." Den Liberalen mißfiel dieses Pastoralschreiben über die Wahlen nicht wenig; und man war vielfach geneigt, es als eine Revanche anzusehen, als in der Sitzung des n. ö. Landtags unterm 20. Februar (1867) das Wahlrecht des Bischofs von St. Pölten als Besitzers des Gutes Ochsenburg annullirt wurde. Der um dieselbe Zeit ausgegebene Fastenhirtenbrief handelt von dem Fasten, welches „die Schule des Gehorsams und die Vorübung auf größere Kämpfe" ist.

In das Jahr 1867 fiel auch eine große Feierlichkeit, die achtzehnhundertjährige Säcularfeier des Martyriums der heil. Apostelfürsten Petrus und Paulus. Der hl. Vater Pius IX. hatte schon im December des vorausgegangenen Jahres die Bischöfe von der ganzen Welt eingeladen, daß sie sich, wenn es möglich, im Monat Juni zeitlich in Rom einfänden. Wie bekannt ist, hat der Papst für den glorwürdigen Tag auch die Heiligsprechung von 25 Seligen angesetzt, nämlich von den 19 Martyrern zu Gorcum, dem sel. Erzbischof Josaphat, sel. Petrus von Arbues, sel. Paulus von Kreuz, sel. Leonardo Portu Mauritio, der sel. Jungfrau Maria Franziska von den fünf Wunden, Nonne in Neapel; und Germania Cöusin, die ein armes Hirtenmädchen aus dem Bisthum Toulouse in Frankreich gewesen. Die gnadenreiche Doppelfeier zog mit sanfter Macht die Bischöfe des Erdkreises zum Mittelpunkt der Kirche hin. Bischof Feßler verkündete es seinen Gläubigen schon im April, daß er, der päpstlichen Einladung folgend, Ende Mai die Reise nach Rom antreten wolle. Mit dem Oberhirten reisten auch zwei Priester der Diöcese (Dechant Franz Schmiedinger, Pfarrer Leopold Lahner), und der Vorstand der St. Michaelsbruderschaft (Dr. Adolf Zillich). Schon am 10. Juni bekam Bischof Feßler sammt seiner vorhergenannten Begleitung die Audienz beim heil. Vater; bei diesem Anlaß überreichte der Präses des St. Michaelsvereins die Liebesgaben der Diöcesanen im Betrag von 10,000 Francs in Gold. Die Majestät und Erhabenheit des Festes am 29. Juni hat der gottbegeisterte Bischof nach seiner Rückkunft in Rom den Gläubigen in einem längeren und sehr ergreifenden Hirtenschreiben geschildert. Er beginnt also: „Ich habe eine große Freude erlebt und diese Freude will ich euch, Geliebteste, mittheilen; denn es ist in Wahrheit eine gemeinsame Freude aller gläubigen Christen." Dann schildert er die große Bedeutung der Säcularfeier des Martyriums der Apostelfürsten, die väterliche Liebe des „Nachfolgers der Martyrer", Pius IX., endlich die Heiligsprechung der 25 Seligen und deren heroische Tugenden. Am Schlusse sagt er: „Der Aufblick zu diesen 25 Heiligen, zu diesen erhabenen Glaubenshelden, zu diesen neuen Zierden der Kirche Gottes, zu diesen herrlichen Vorbildern in allen Arten christlicher Tugend, zu diesen mächtigen Fürbittern des christlichen Volkes am Throne Gottes war am Petersfeste und ist noch fortwährend eine große Freude für mein Herz, die ich mit euch theilen wollte."

Se. Heiligkeit Pius IX. hat alle Bischöfe, welche am 29. Juni 1867 mit ihm am Grabe des hl. Petrus standen, zu seinen Thronassistenten ernannt. So war denn auch Bischof Feßler von da an mit einer neuen päpstlichen Würde geschmückt.

Auf dieser Welt wechseln Freud und Leid. Hatte der gute Oberhirte in Rom Tage der seligsten Freude gehabt, so mußte er nur zu bald nach der Rückkehr aus Rom mit dem übrigen österreichischen Episcopat Tage des bittersten Schmerzes erleben. Der Sturm gegen das Concordat erhob sich mit aller Gewalt. Liberale Gemeinderäthe verfaßten Resolutionen und Petitionen an den Reichsrath, und verlangten die Aufhebung des Concordates. Die Lügenpresse arbeitete mit dem ganzen Aufwand ihrer infernalischen Kräfte für denselben Zweck. Der Beifall, den die Majorität der Kammern den Erfolgen des organisirten Angriffes auf die Rechte der Kirche spendete, ließ das Unheilvollste ahnen. Darum versammelten sich die sämmtlichen Erzbischöfe und Bischöfe des Kaiserthums Oesterreich in Wien und hielten vom 23. September bis 1. October Berathungen über die geeigneten Mittel, um dem Sturme entgegen zu wirken. Es wurde auch an Se. Majestät den Kaiser eine von sämmtlichen Bischöfen unterfertigte Adresse gerichtet, in welcher die Sache der Kirche, „deren Gerechtigkeit einleuchtend ist, mit vollem Vertrauen unter den Schutz des Kaisers" gestellt wird. Die Antwort des Monarchen hat die Besorgnisse des Episcopates leider nicht verringert. Bischof Feßler wendete sich sodann mit einem Hirtenschreiben an die Gläubigen seines Bisthums und führte ihnen zu Gemüthe, wie sie als Katholiken von dem Concordate zu denken und zu reden haben.

Dem ob der vielen Schmähungen gegen die heil. Kirche und insbesonders ob der letzten Ereignisse betrübten Herzen des Bischofes wurde doch einiger Trost zu Theil. Der gesammte Clerus des Bisthums drückte in Adressen, welche aus den zwanzig Decanaten einliefen, seinem geliebten Oberhirten die vollste Ergebenheit und Verehrung, Treue und Anhänglichkeit aus, besonders in dem schweren Kampf für die vertragsmäßigen Rechte der Kirche, welche er durch seine herrlichen Schutzschriften allzeit vertheidigt hat. In dem Erwiederungs= schreiben, welches er in Folge jener sehr erfreulichen Kund= gebung an seine Geistlichkeit im December desselben Jahres richtete, sagte er unter Anderem: „Die gute, einmüthige Gesinnung, welche die Seelsorgsgeistlichkeit sämmtlicher Decanate meines Bisthums in ihren an mich gerichteten Adressen kundgegeben hat, war mir eine große Freude und ein großer Trost in dem Kummer und in der Betrübniß, die mein Herz erfüllen, wenn ich sehe, wie es in Oesterreich gegenwärtig eine mächtige und einflußreiche Partei gibt, die alle Mittel anwendet, um den heiligen Vater seiner vertragsmäßig gesicherten Rechte zu be= rauben; eine Partei, welche jede Gelegenheit begierig ergreift, um die pflichttreuen katholischen Bischöfe und Priester zu schmähen und in den Augen des Volkes herabzuwürdigen." . . . .

Je weniger die Kirche und ihre Diener auf den Schutz einer irdischen Macht rechnen können, desto mehr drängt es sie an die himmlische Macht zu appelliren und den göttlichen Beistand anzuflehen. Das Gebet ist die Schutzwehr der Kirche. In

Erwägung dieser Wahrheit führte Bischof Feßler Anfangs des Jahres 1868 das Gebets-Apostolat in der Diöcese St. Pölten ein, damit die Gläubigen in dieser bedrängnißvollen Zeit in Vereinigung mit dem göttlichen Herzen Jesu beten und arbeiten, leben und leiden.

In der gleichen Absicht, den Gebetseifer mehr und mehr anzufachen, ordnete der für das Heil der Seelen besorgte Oberhirt zugleich mit dem Pastoralschreiben für die heil. Fastenzeit (1868) an, daß in den drei letzten Tagen des Faschings in allen Pfarrkirchen entweder, wenn es die Verhältnisse zulassen, das vierzigstündige Gebet, oder aber Gebetsstunden vor dem ausgesetzten hl. Sacramente abgehalten werden. Die herzlichen Ermahnungen des Bischofs blieben nicht ohne gute Wirkung. Es spricht sich über den höchst erfreulichen Erfolg der folgende Hirtenbrief also aus: „Der Samen fiel auf gutes Erdreich und brachte hundertfältige Frucht (Luc. 8, 8). Dieses Wort unseres göttlichen Heilandes ist an euch, meine Geliebten, in Erfüllung gegangen, als ihr in den letzten Faschingstagen der Aufforderung und Ermahnung, die ich kurz zuvor an euch gerichtet hatte, so willig nachgekommen seid, so zahlreich die heil. Sakramente empfangen, so eifrig zur Anbetung des allerheiligsten Sacramentes in den Kirchen euch eingefunden und eure Gebete für den Papst mit dem Gebet der ganzen Christenheit vereinigt, so reichlich eure Beiträge für den schwer bedrängten heiligen Vater gespendet und so manches alte Schatzgeld zu einem neuen Zeugniß eures Glaubens und eurer Liebe gemacht habt. Soll ich euch dafür loben? O ich weiß, ihr habt es nicht des Lobes wegen gethan. Soll ich euch dafür danken? Gott wird euch danken, indem Er eure Liebe durch seinen Segen hundertfach lohnet hier und dort."

So wie sich bei den Guten der Eifer und die Frömmigkeit mehrte, in demselben Verhältnisse schien auch bei den Kirchenfeinden diese ihre schlimme Gesinnung mehr und mehr hervorzutreten, desto größere Anstrengungen machten die Vertreter der sog. modernen Ideen, auch den Gesetzen des Staates den Stempel ihrer Gesinnung aufzudrücken. Es kam der 25. Mai (1868) und jener verhängnißvolle Augenblick, an welchem im constitutionellen Oesterreich der erste Gewaltakt gegen die hl. Kirche verübt wurde. Statt des geistlichen kam nun ein neues weltliches Ehegesetz; statt der confessionellen Schule die möglich confessionslose; statt der bisherigen interconfessionellen Gesetze kamen andere mit dem Grundsatz der vollen Parität der Confessionen. Welcher wahrhaft katholische Oesterreicher hätte darüber nicht betrübt werden sollen? Wie hätten nicht insbesonders die Bischöfe darüber trauern sollen? Bischof Feßler beklagte die neue Lage der Dinge und den einseitigen Bruch des Concordates in dem Hirtenschreiben vom 28. Mai (1868). Er behandelte darin besonders das neue bürgerliche Ehegesetz, das „darauf eingerichtet ist, daß nicht blos die Katholiken, sondern auch die Protestanten, die Juden und andere Religionsgenossen sich darnach halten können."

Drei Wochen später erörterte der für die Integrität der kirchlichen Rechtssphäre eifernde Bischof in einem sehr ausgedehnten Hirtenschreiben das neue Schulgesetz. Die Stellung, welche er zu diesem beobachtete, läßt sich aus den wenigen Worten erkennen, die wir daraus anführen wollen: „Beachtet wohl, was ich sage. Man hat die religiös sittliche Erziehung uns (Geistlichen) nicht mehr als ein gesetzliches Recht zugestanden, und sie in dieser Weise uns nehmen wollen. Aber diese lassen wir uns nicht nehmen." Es begreift sich bei einer so freimüthigen Sprache gar leicht, daß der hochwürd. Oberhirt eine gewisse Sorge hegte, es könnte die Behörde diese Hirtenschreiben confisciren. Um jedoch in keinem Falle das Wort Gottes binden zu lassen, sondern eventuell die Drucklegung im Auslande zu veranstalten, so ließ er die diesbezüglichen Concepte von seinem Secretär copiren und versandte die Abschriften an Vertrauensmänner im Ausland. Dieselbe Vorsicht beobachtete er auch bei der Herausgabe der „praktischen Weisung an die Geistlichkeit der Diöcese St. Pölten für ihre außerseelsorgliche Amtsthätigkeit in Ehesachen." Die Weisung umfaßte vierzehn Folioblätter; da sie sich ganz vorzüglich praktisch erwies, erbaten sich auch einige andere Bischöfe von dem hohen Verfasser die Ermächtigung, dieselbe auch für den ihnen untergebenen Clerus in Druck legen zu dürfen, was er mit herzlicher Freude über das Gelingen der Arbeit sehr gern gewährte.

Zur selben Zeit machte sich Bischof Feßler auch in anderer Beziehung um die Diöcese St. Pölten sehr verdient. Eine gute und katholische Zeitung ist heutzutage gewiß ein um so größerer Segen für die Menschen, je böser und verderblicher die kirchen=

feindliche Presse allenthalben zu wirken strebt. Bis zum Monat Juli 1868 bestand in St. Pölten ein nichtpolitisches Wochenblatt, das schon anfing den Einflüssen der liberalen Strömung sich zugänglich zu zeigen. Das Bestreben des von der Wichtigkeit der Sache nur zu gut überzeugten Bischofes war nun mit aller Energie darauf hingerichtet, dieses Blatt für die katholische Sache zu gewinnen und in dieser Richtung dauernd zu erhalten. Zu dem Ende wurde also mit dem eben nicht unkirchlich gesinnten Eigenthümer des Blattes der Kaufcontract abgeschlossen und die geeignete Kraft für die gute Redigirung in der Person eines theol. Professors ausersehen. Von nun an erschien der „St. Pöltener Bote" als politisches und katholisches Wochenblatt und erfreute sich zusehends eines großen Aufschwunges. Auch auf das spätere Zustandekommen eines anderen katholischen Blattes in der zweitwichtigsten Stadt der Diöcese, welches gleichfalls ein Priester in die Hand nahm, wirkte Feßler durch seine ermunternden Worte. Das „Kremser Volksblatt", so heißt das in Rede stehende Wochenblatt, bildet ein nothwendiges kräftiges Gegengewicht gegen das ältere liberale Kremser Wochenblatt. Bischof Feßler, der mit Wort und That die beiden katholischen Blätter begründen half, hat sich dadurch ein bleibendes Verdienst erworben.

Bei allen besonderen Sorgen, wie die für Gründung guter und katholischer Blätter, versäumte es Bischof Feßler keineswegs, die allgemeinen Hirtenpflichten zu erfüllen. Im Herbste 1868 visitirte er die beiden Decanate Spitz und Raabs. Die Winterarbeit bildeten außer den gewöhnlichen Amtsobliegenheiten eines Bischofs einige durch die Zeit veranlaßte Fragen. Pius IX. hatte schon am 29. Juni (1868) der katholischen Welt ein allgemeines Conzil, welches in Rom sollte gehalten werden, angekündigt und als Tag zur Eröffnung desselben den 8. Dezember 1869 bestimmt. Der Gedanke an das nächste Conzil beschäftigte von da an öfters den regen Geist Feßler's; und da durch die Zeitungen allerhand Ansichten über das künftige Conzil in Umlauf gesetzt wurden, gab er diesfalls die Schrift heraus: „Das letzte und das nächste allgemeine Conzil." Eine andere Frage, welche in Oesterreich auftauchte, waren die kirchlichen Matrikeln. Bischof Feßler ergriff wieder die Feder, um auch in dieser Sache die Rechte der Kirche zu wahren; er verfaßte die Schrift: „Stand der Frage wegen der pfarrlichen Tauf-, Trauungs- und Sterbbücher in Oesterreich." Das Schriftchen soll in Wien an competenter Stelle eine solche Wirkung hervorgebracht haben, daß die Behandlung jener Frage in den Reichskammern unterblieb.

Der Fastenhirtenbrief des J. 1869 besprach das Thema: Was die heilige katholische Kirche uns gewährt und was der katholische Christ der Kirche schuldig sei. Das war schon eine Vorbereitung der Gemüther auf den 11. April, an welchem der hl. Vater Pius IX. sein 50jähriges Priesterjubiläum feierte. Die Jubelfeier des Papstes war für Bischof Feßler ein neuer Anlaß, die Gefühle der Liebe und Ehrfurcht für den römischen Stuhl anzufachen. Er erließ ein Circularschreiben an die Gläubigen und verfaßte selbst die lateinische Adresse des Clerus der Diöcese zum Jubelfeste des hl. Vaters. Die Laienadresse zur Beglückwünschung des hl. Vaters, wozu der geliebte Oberhirt einlud, erlangte 52,152 Unterschriften. Eine Diöcesan-Deputation, bestehend aus zwei Priestern (Domscholasticus Zenotty und Pfarrer Urlinger) und zwei Laien (Kaufmann Lindermann und Wirthschaftsbesitzer Steinlesberger) überreichte dem hl. Vater die Adresse und 27,000 Francs in Gold als Peterspfennig der Diöcesanen. Schon am 21. April langte ein Dankschreiben vom hl. Vater aus Rom an, worin der Papst dem Bischofe und den Gläubigen der Diöcese für die großen Beweise der Liebe dankt.

Die Aufmerksamkeit des Papstes war schon längst auf Bischof Feßler gerichtet, wie wir öfters zu beobachten Gelegenheit hatten. Aber ein außerordentliches Vertrauen des hl. Stuhles war die Würde und das Amt, mit welchem nun Feßler zum bevorstehenden allgemeinen Conzil betraut wurde. Unterm 30. März 1869 erhielt er die amtliche Notification, daß ihn Se. päpstl. Heiligkeit zum General-Secretär des allgemeinen vaticanischen Conzils ernannt habe.

VII. Sekretär des allgemeinen Vaticanischen Conzils.

Der Eindruck, welchen die Ernennung zum Sekretär der allgemeinen Kirchenversammlung in dem Gemüthe des von Liebe für die heilige Kirche glühenden Bischofes Feßler hervorgebracht hat, läßt sich nicht leicht beschreiben; denn sage ich, daß sich bei dieser Nachricht sein Angesicht vor Freude verklärte, so könnte man leicht seine Demuth übersehen, in der er sich eines so hohen und wichtigen Amtes unwürdig erachtete und der Fürbitte frommer Seelen empfahl. An eine fromme Klostervorsteherin schrieb er um diese Zeit: „Die Aufgabe, welche mir bevorsteht, ist groß und schwer. Darum bitte ich Sie recht angelegentlich, mir die kräftige Hilfe Ihres frommen Gebetes zu gewähren, da ich nur durch solche Hilfe hoffen kann, dem Vertrauen, das mir der heilige Vater geschenkt hat, einigermaßen zu entsprechen."

Da Bischof Feßler als Sekretär des Conzils schon im Juli (1869) nach Rom kommen sollte, so häuften sich während der beiden Monate, die er noch in der Diöcese zubringen konnte, die Arbeiten öfter auf recht empfindliche Weise. Er unternahm im Juni eine **Firmungsreise** durch die Diöcese und spendete das hl. Sakrament an 17,118 Personen; er weihte die Kirche in Obergrünbach, deren Ausbau sein vorzügliches Verdienst war, die Altäre in Artstetten, und für mehrere Orte Glocken und Kelche; und ertheilte endlich auch an 30 Ordinanden die heiligen Weihen. Nebenbei beschäftigten ihn während derselben Zeit vielfach die Studien über die Concilien, besonders über das von Trient, dessen Geschichte von Pallavicini er mit großem Fleiße las. An den Clerus gab er „**Amts- und Lebensvorschriften**" heraus, indem er die für das praktische Leben wichtigsten Bestimmungen aus dem Provinzialconzil v. J. 1858 aushob und in Kraft des Gehorsams zur genauen Beobachtung einschärfte. An die Gläubigen erließ er vor der Abreise nach Rom einen Hirtenbrief, in welchem er von den Kirchenversammlungen überhaupt und von der bevorstehenden Vaticanischen zu Rom insbesondere handelte und eindringlich zu Gebeten und zur fleißigen Gewinnung des vom hl. Vater verliehenen Jubelablasses ermunterte.

Bischof Feßler bereitete sich zur Romreise wie zur Reise in die Ewigkeit vor. Er revidirte sein Testament, ordnete alle Papiere und wichtigen Schriftstücke und zeigte seinem Kanzler oder Sekretär das Eine und Andere mit den Worten an: „Wenn was geschieht mit mir, hier liegt dies." Zu seinem Generalvicar ernannte er den Domdechant Ignaz Renoth. Am 1. Juli trat er, nachdem er zuvor mit der Geistlichkeit und dem Volke dem heil.

Segen beigewohnt, die Reise nach Rom an. Einige Domherren und Dechante gaben ihm das Geleite bis Linz. Der Abschied war nicht so leicht. „Ich habe viele Thränen gesehen. Die meinen sind erst später gekommen"; schrieb Feßler im Brief vom 3. Juli aus Einsiedeln. Er reiste nämlich zunächst nach Maria Einsiedeln, indem er als Grund dafür angab: „Es wird am Besten sein, dort wieder Hilfe zu suchen, wo ich sie suchte und fand beim Antritt der Professur in Brixen, beim Antritt der Professur in Wien, beim Einstand in's Generalvicariat, beim Antritt des Bisthums St. Pölten. Sollte ich jetzt einer so guten Patronin untreu werden und nicht vielmehr, da sie immer so gut geholfen, ihre Beihilfe bei diesem wichtigsten aller bis= herigen Aemter wieder demüthig in Anspruch nehmen?"

Am 9. Juli Abends kam Feßler in Begleitung seines neuen Sekretärs J. Zelger zu Rom an. Er erhielt als Conzilssekretär eine eigene Wohnung im Palazzo Luzi; der hl. Vater selbst hatte die einzelnen Einrichtungsgegenstände bestimmt, welche in die Wohnung Msgn. Feßler's kommen mußten. Die Audienz beim hl. Vater war eine der ersten Angelegenheiten. Daran reihten sich die übrigen obligaten Besuche, deren nicht wenige waren. Nach Erfüllung der unerläßlichen Courtoisiepflichten glaubte Feßler, um mit der kostbaren Zeit besser zu wirth= schaften, eine eigene Tagesordnung sich entwerfen zu sollen. Er setzte darin zur Arbeit die Zeit von 8 Uhr früh bis 6 Uhr Abends sich fest.

Die erste Arbeit war eine vom Papst ihm aufgetragene kurze Zusammenfassung der Conzilien, welche Feßler „Summa Conciliorum brevissima" betitelte.

Je näher die Zeit der Conzilseröffnung rückte, desto mehr drängten sich die Geschäfte des Conzilssekretärs; im Oktober wurden ihm daher vom hl. Vater ein Subsekretär in der Person des Monsignore Jacobini und Scriptores Concilii an die Seite gegeben. Die ankommenden Conzils=Väter machten gewöhnlich auch dem Sekretär des Conzils ihre Visite. Feßler bediente sich im Verkehr mit den Bischöfen fremder Sprachen, gewöhnlich der lateinischen, doch machte er auch von der französischen und ita= lienischen Sprache, deren Kenntniß ihm eigen war, öfter Gebrauch.

Trotz der vielen Geschäfte, welche die Vorbereitung auf die Kirchenversammlung und später diese selbst ihm auflegten, vergaß

Bischof Feßler keineswegs auf seine geliebte Diöcese und das Seelenheil der Gläubigen, die ihm Gott anvertraut hatte; er benützte die Anwesenheit in Rom auch dazu, um die Genehmigung des hl. Vaters zur Einführung einiger neuer Heiligenfeste in der Diöcese St. Pölten zu erlangen. Kraft der erlangten Zustimmung des hl. Vaters wurden in den Diöcesan-Kalender folgende Feste aufgenommen: das Fest der seligsten Jungfrau unter dem Titel Hilfe der Christen, das Fest des allerreinsten Herzens Mariä, das Fest des sel. Petrus Canisius, der hl. Märtyrer von Gorcum und des hl. Leonardus a Portu Mauritio. Ueber die Diöcesanangelegenheiten erstattete der Consistorial-Kanzler Canonikus Jos. Zehngruber, der sich im ausgezeichneten Maße des Vertrauens seines Bischofes zu erfreuen hatte, periodische Berichte. Unter den vielen guten und schlimmen Nachrichten, die der Bischof aus der Heimath erhielt, war wohl die schmerzlichste für ein Bruderherz die vom 1. Oktober (1869), welche ihm mittheilte, daß seine theure Schwester Agatha, die bisher gemeinschaftlich mit der älteren Schwester Magdalena ihm das Hauswesen besorgte, nach Empfang der hl. Sakramente an demselben Tage mit Tod abgegangen sei. So sehr das brüderliche Herz dadurch verwundet wurde, wußte er doch die Geschwister zu trösten, indem er ihnen schrieb: „Für die Schw. Agatha ließ ich in den mir bekannten Klöstern fleißig beten. In Bludenz hat das ganze Kloster für sie die hl. Communion aufgeopfert; in Einsiedeln wurde für sie Messe gelesen." Auch sonst schrieb Bischof Feßler, wenn es einigermaßen die Zeit erlaubte, gerne Erbauliches seinen Geschwistern aus Rom, und über Erlebnisse anläßlich des Conzils, wie erhebend es sei, so viele ehrwürdige Männer, heiligmäßige Bischöfe, Martyrer der hl. Religion aus den äußersten Enden der Welt sehen und sprechen zu können. „Ich fragte einen Bischof aus China," so schrieb er der Schwester am 23. Nov. 1869, „ob er nach dem Conzil wieder dahin zurückkehren wolle? Er gab mir ganz resolut die Antwort: Ja, je eher, desto lieber! Mein Vorgänger starb als Martyrer, und ich hoffe auch nicht im Bette zu sterben."

Das heil. Conzil wurde bekanntlich am 8. Dezember, am Lieblingsfesttage des hl. Vaters, eröffnet. Nun gab es für den Conzils-Sekretär heiße Tage der Mühen. „Es kommt mir vor, als ob ich mein Lebtag ein großer Faullenzer gewesen und daß ich erst seit Dezember des letzten Jahres etwas zu thun habe." So bemerkte er in einem kurzen Briefe vom 10. Jan. (1870). In den öffentlichen Sitzungen beschränkte sich wohl die Thätigkeit des Conzils-Sekretärs auf ein Weniges, nämlich auf das Ceremonielle, die Sammlung der Voten und Uebergabe derselben an den Papst, der auf dem Throne saß. Die geistig und körperlich anstrengendsten Arbeiten aber verursachten die General-congregationen; denn der Conzils-Sekretär mußte sowohl in den General- als Specialdebatten den einzelnen Rednern mit Aufmerksamkeit folgen, die Verbesserungsvorschläge ebenso wie die einzelnen Commissionen beobachten, die Abstimmungen mit ihren Resultaten in schnelle Evidenz bringen, die schriftlich abgegebenen Bedenken an die betreffende Commission leiten. Und wenn die Sitzung in der Congregation geschlossen war, dann fing erst für den Conzils-Secretär die Arbeit in seiner Kanzlei oder in der Wohnung an; nicht selten befand er sich selbst in spätester Nachtstunde noch beim Arbeitstische, um für den nächsten Tag die Vorarbeiten fertig zu machen. Bei all' dem rief er Gott nur um dieses an, daß er ihn gesund erhalte und ihm Kraft verleihe; in den Briefen, die er während der Conzilszeit schrieb, bat er öfters die ihm näher stehenden Personen dringend um ihr eifriges Gebet, damit ihn Gott stärken möge.

Ungeachtet des Andranges der Geschäfte bewahrte Feßler doch allzeit eine große Freundlichkeit und Aufmerksamkeit für Jedermann, besonders für die Väter des hl. Conzils; selbst den Verstorbenen erwies er noch die letzte Ehre, indem er sich Zeit nahm, sie zu Grab zu begleiten, was sonst nur die Bischöfe derselben Nation zu thun pflegten, wenn Einer ihrer Mitbrüder das Zeitliche gesegnet hatte. Für eine solche Aufmerksamkeit hat ihm am 19. März zu seinem Namenstag der gesammte spanische Episcopat einen besondern Beweis der Hochachtung gegeben, indem Se. Eminenz Card. Moreno, Erzbischof von Valladolid, an der Spitze der übrigen Bischöfe Spaniens dem Conzils-Sekretär Msg. Feßler eine Gratulationsvisite abstattete.

Eine große Freude war für den Conzils-Sekretär die dritte öffentliche Sitzung des Conzils am 24. April (1870), nämlich der erhabene Triumph der Wahrheit, welcher da zu Tage trat, indem 667 Väter alle ohne Ausnahme für die Constitutio dogmatica de Fide Catholica ihre Stimme mit Placet (so gefällt es uns) abgaben.

Schwieriger gestaltete sich indeß die Aufgabe des Conzils=Sekretärs bei den Vorarbeiten, welche die vierte Session des Vaticanischen Conzils erforderte. Feßler ermüdete wohl nicht unter der Last der Geschäfte in dem Grade, daß es ihn der Arbeit je verdrossen hätte, aber doch äußerte er einige Male seine Sehnsucht nach dem ruhigeren Stillleben der bischöflichen Amtsführung. „Wenn es die Leute kaum erwarten, so erwarte ich es noch kaumer", sagte er in dem Brief vom 17. Juni an seine theure Schwester, die ihm mitgetheilt hatte, wie die Leute schon immer fragen, ob denn der Bischof nicht bald von Rom zurückkomme, und daß sie es kaum erwarten.

Am 18. Juli wurde endlich die vierte öffentliche Sitzung des Conzils abgehalten, in welcher die Haupt=abstimmung über den Primat des römischen Papstes und das unfehlbare Lehramt desselben stattfand. Es ist bekannt, daß von den 535 anwesenden Vätern des Conzils 533 der Glaubens=entscheidung von der Unfehlbarkeit des Papstes in seinen Lehr=entscheidungen unbedingt zustimmten. Die vierte Session sollte leider auch die letzte sein; denn an demselben Tag war der Krieg zwischen Frankreich und Preußen ausgebrochen. Die Bischöfe dieser Länder und auch andere trachteten zu ihren Gläubigen heimzukehren. Bischof Feßler hatte sich gleichfalls vom hl. Vater die Erlaubniß erbeten, nach der vierten Sitzung auf einige Zeit zu seiner Heerde gehen zu dürfen, um die hl. Weihen und die Firmung zu ertheilen und dann wieder in Rom sich einzufinden. Er nahm also nach der Sitzung Abschieds=Audienz beim hl. Vater und reiste Tags darauf in seine Diöcese ab. Dem ankommenden Oberhirten wurde von seinen Visthumsangehörigen zu St. Pölten ein feierlicher Empfang bereitet; Alles freute sich, nach jahrelanger Trennung den geliebten Bischof wieder zu sehen, und Freude strahlte auch in den Augen des guten Hirten, der seine Heerde liebte.

Die politischen Ereignisse gestalteten sich inzwischen von Tag zu Tag trauriger; die französischen Truppen hatten Rom ver=lassen und der Papst und die heilige Stadt waren ohne Schutz der Waffengewalt der italienischen Regierung preisgegeben; am 20. September (1870) wurde Rom von den Soldaten des

Usurpators gewaltsam eingenommen. Unter solch' betrübenden Umständen, da das Oberhaupt der Kirche selbst wie in Gefangenschaft seufzte, war an eine Fortsetzung des Conzils nicht zu denken. Deshalb sah sich der hl. Vater bewogen, durch ein Breve vom 20. Oktober das Vatikanische Conzil auf unbestimmte Zeit zu suspendiren. Bischof Feßler, der Sekretär des Vaticanischen Conzils, hat Rom nicht mehr gesehen!

VIII. Feßler's letzte Jahre.

Die erste Angelegenheit nach der Rückkunft aus Rom war für Bischof Feßler die Promulgation der dogmatischen Decrete von der vierten Conzilssitzung über die Kirche Christi und das unfehlbare Lehramt des römischen Papstes. Hierauf zog er sich zur Erholung auf den nahe bei St. Pölten gelegenen bischöflichen Landsitz Ochsenburg zurück. Im September aber verließ er die Villa wieder, um in der Stadt mit den Priestern geistliche Uebungen zu halten. Wie oft wird nicht Bischof Feßler in diesen Gebetstagen an den heil. Vater sich erinnert haben? War ja doch das Schicksal der heiligen Stadt eine beständige Sorge seines edlen Herzens? Wenige Tage nach Schluß der hl. Exercitien traf die Hiobspost aus Rom ein, daß die feindlichen Schaaren des Königreiches Italien mit Gewalt in die hl. Stadt eingedrungen und der Papst wie ein Gefangener im Vatican eingeschlossen sei. In Folge dieser schmerzlichen Nachricht ordnete der Bischof unterm 4. Oktober (1870) Gebete für den hl. Vater an, indem er zugleich den Gläubigen einen kurzen Ueberblick über die jüngsten erschütternden Ereignisse gab.

Noch eine andere Bitterkeit brachte dieses Jahr dem bischöflichen Herzen. Die neuen Schulgesetze traten in Oesterreich in's Leben. Wie hätte jene Lostrennung der Schule von der Kirche, die Trennung der Tochter von der Mutter, einem Bischofe nicht schmerzlich fallen sollen? Er gab an die Geistlichkeit eine ausführliche Instruction über ihr Benehmen gegenüber den neuen Schulgesetzen und bedeutete, daß sie bei der bevorstehenden Schulorganisirung sich nicht als Organe gebrauchen lassen, auch die Wahlen in den Ortsschulrath oder in den Bezirksschulrath ablehnen mögen. Die Gläubigen belehrte er in einem Hirtenbriefe (13. Dezbr. 1870) über die gute Wahl der Mitglieder des

Ortsschulrathes und über die pflichtmäßige Obsorge der Eltern hinsichtlich des Religionsunterrichtes und der religiösen Uebungen ihrer Kinder.

Bischof Feßler durfte so zu sagen die Feder nie aus der Hand lassen. Kaum war er mit der Schulangelegenheit zu Ende gekommen, so trat schon eine andere gewichtige und der Kirche Gottes förderliche Arbeit heran. Dr. Schulte, Professor des canonischen und deutschen Rechtes an der Universität zu Prag, welcher bisher als gelehrter Canonist galt, war zu den Gegnern des Unfehlbarkeitsdogmas übergegangen und so weit von der Wahrheit abgeirrt, daß er sich sogar bemühte, auch noch Andere in den Irrthum zu ziehen. Er gab die antiinfallibilistische Schrift heraus: „Die Macht der römischen Päpste über Fürsten, Länder, Völker, Individuen, nach ihren Lehren und Handlungen zur Würdigung ihrer Unfehlbarkeit beleuchtet." Doch der gelehrte Schulte sollte es bald erfahren, daß ein Stärkerer über ihn gekommen. Bischof Feßler verfaßte alsbald eine Widerlegung unter dem Titel: „**Die wahre und falsche Unfehlbarkeit der Päpste zur Abwehr gegen Herrn Professor Dr. Schulte.**" In Zeit eines halben Monates war die 92 Seiten umfassende Gegenschrift schon druckfertig. Bischof Feßler wollte es nämlich durch die schnelle Herausgabe seiner Schrift verhindern, daß die Brochüre Schulte's einen größeren Schaden anrichtete. Der beabsichtigte Plan gelang; die erste Auflage (2000 Exemplare) war schon in einigen Wochen gänzlich vergriffen und die rasch folgende zweite und dritte Auflage, die sich als nothwendig herausstellten, zeigten den Sieg der Wahrheit; denn es war keine vereinzelte Stimme, was ein Brief vom 13. März aussprach: „Nachdem ich Ihre Schrift gelesen, kommt mir der Gegner, den Sie bekämpfen, vor wie Adam nach dem Fall in seiner vollen erbärmlichen Blöße." Selbst der hl. Vater belobte Feßler wegen dieser Edition in einem Schreiben vom 27. April 1871, worin es unter Andern heißt: Sic optime certe merebis de sanctissima Religione nostra et Christiano populo (So wirst Du gewiß aufs Beste um unsere heiligste Religion und um das christliche Volk Dich verdient machen.")

Professor Dr. Schulte wagte, nachdem ihm sein erster Angriff wider das Dogma von dem unfehlbaren Lehramt des Papstes kläglich mißlungen war, einen neuen auf das Concil selbst; er versuchte es, die Oecumenicität des Vaticanischen Concils und folgerichtig dessen allgemeine Verbindlichkeit anzufechten, und zwar durch die Schrift: „Das Unfehlbarkeits=Decret vom 18. Juli 1870 auf seine kirchliche Verbindlichkeit geprüft." Bischof Feßler säumte nicht, auch den neuen Mißdeutungen und Irrthümern Schultes mit der Waffe des Geistes entgegen zu treten. In der fast einem Buche gleichkommenden Brochüre: „Das Vaticanische Concilium, dessen äußerer und innerer Verlauf," zeigte Feßler, daß das Vaticanische Concilium alle Merkmale eines allgemeinen oder öcumenischen Concils habe. Auch diese sehr interessante Schrift erfreute alle guten Katholiken, besonders die Bischöfe und den Papst in Rom, welcher an Feßler nebst Anderem schrieb: „Hoc tuum donum, venerabilis Frater, nobis gratissimum fuit" (Dies Dein Geschenk, ehr= würdiger Bruder, ist Uns sehr angenehm gewesen).

Um auch von der pastoralen Thätigkeit Feßlers in dieser Zeit zu erzählen, so sind hier vor Allem die herrlichen Hirten= schreiben an die Gläubigen zu nennen. An den Clerus richtete er aus Anlaß der Wiederkehr des Jahrestages der Ueber= nahme seines bischöflichen Amtes in der Diöcese St. Pölten, da bereits sechs Jahre der bischöflichen Amtsführung vorüber waren, ein längeres Pastoralschreiben, worin er den Geistlichen recht eindringlich vorstellte, was es heiße: ein guter Hirt sein. Der Anfang des Schreibens ist wie von der Ahnung eingegeben, daß dies der letzte Jahrestag sei. „Die Jahre des Amtes," so beginnt er, „eilen flüchtig dahin, und rasch nahet sich der Tag, an dem es heißen wird: Gib Rechenschaft! O ernstes und schweres Wort: Rechenschaft, desto ernster und schwerer, je höher der Mensch von Gott gestellt, je mehr ihm anvertraut ist." — „Sehe ich zurück auf die Tage meiner Amtsführung in eurer Mitte, so ergreift mich bange Sorge auf den Tag der Rechenschaft, von dem ich nicht weiß, wie bald er für mich kommen wird." Zur gleichen Zeit erließ er an die Gläubigen des Bisthums einen Hirtenbrief, in welchem er von den Leiden und Freuden des Papstes, von dem allgemeinen Vaticanischen Concil, und dem unfehlbaren Lehramt des Papstes mit begeisterten Worten redete und besonders über die große Freude des Papstjubiläums sprach, daß nämlich seit dem hl. Petrus noch kein Papst wie der gegenwärtige Pius IX. das 25. Jahr seines Pontifikates vollendet hat. Zugleich wurde die kirchliche Feierlichkeit zur würdigen Begehung des Jubeltages (16. Juni 1871) angeordnet.

Auf die Freude des Papstjubiläums kamen wieder bischöfliche Hirtensorgen. Es war ein Sendling des Irrglaubens eingedrungen, der Wanderprediger Dr. Michelis; und zwar war es die zweite Stadt des Bisthums, wo er die sog. Intelligenzen gegen das infallible Lehramt des Papstes aufreden wollte. Bischof Feßler war eben von einer canonischen Visitation aus dem Waldviertel heimkehrend in die Stadt Krems gekommen, als er von der Anwesenheit des wandernden Theologen in Kenntniß gesetzt wurde. Das war für den Bischof eine schwere Sorge und er wußte sonst kein Gegenmittel, als am nächsten Tag in der Pfarrkirche daselbst zu predigen und die Gläubigen vor dem falschen Propheten zu warnen, indem er die Lehre von der päpstlichen Unfehlbarkeit, welche der abtrünnige fremde Priester anzufechten gekommen war, in das glänzendste Licht stellte. Die Predigt ist hernach im Druck erschienen. Auch nach St. Pölten verlangte es den unglücklichen Dr. Michelis; allein der Bürgermeister der Stadt Pölten wies das Ansinnen zurück. Die ernste Warnung der Gläubigen, welche der Oberhirt von der Kanzel der Cathedralkirche am 13. August (1871) verlesen ließ, dürfte das ihrige dazu beigetragen haben, daß St. Pölten von dem Besuche des Häretikers verschont blieb.

Die folgende Zeit des Jahres (1871) verlief mehr in der Ruhe des bischöflichen Hirtenamtes. Die heiligen Exercitien, an denen der Bischof selbst wieder theilnahm; die Säcularfeier des altehrw. Stiftes St. Florian, welches er zur Begehung des heiligen Triduums besuchte, und einige besondere kirchliche Funktionen bildeten die mehr hervortretenden Freuden in dem bischöflichen Amte. So kam das Neujahr 1872. Der Oberhirt hielt selbst die Festpredigt am Neujahrstag und predigte von den Wohlthaten, Gefahren und Leiden des menschlichen Lebens. Niemand mochte, als der hochwürdigste Redner von den Todesfällen, die sich in einem Jahre ereignen, sprach, daran denken, daß er selbst sein letztes Jahr auf Erden beginne.

Schon am 18. Januar (1872) erschien der Fastenhirtenbrief, welcher über die Heiligung der Sonn- und Feiertage handelte, um den mehr und mehr überhandnehmenden gottlosen

Gebrauch der Werkleute, an Sonntagen zu arbeiten und den Montag blau zu machen, durch den Hinweis auf die göttlichen Strafgerichte abzustellen. Die Geistlichkeit bekam zum Beginn der Osterbeichten ein P a s t o r a l s c h r e i b e n über die ersprießlichste Verwaltung des hl. Bußsakramentes. Vierzehn Tage später erließ der für seinen Clerus väterlich besorgte Bischof abermals ein Schreiben an denselben. Die liberale Partei im Reichsrathe zu Wien hatte nämlich das k. k. Ministerium angegangen, es solle in Lutz'scher Weise gegen die Kanzelredner in Oesterreich ernstgemessen vorgehen. Dies bewog den Oberhirten seinen Geistlichen zu schreiben, wie sie klug und wachsam sein sollen. „Bei eurer furchtlosen Wahrheitsliebe und evangelischen Freimüthigkeit seid auch eingedenk der Mahnung des Apostels Petrus: „Brüder seid besonnen und wohl auf der Hut, Fratres sobrii estote et vigilate" (1. Petr. 5, 8). Dies sollten die letzten Worte sein, welche Bischof Feßler in seinen Pastoralbriefen aussprach; wohl der beherzigenswertheste Ausspruch, den auch der göttliche Meister vor seinem Heimgange zum Vater öfters einprägte, „Vigilate", Seid wachsam!

Am Abend seines Lebens, den freilich Niemand ahnte, mußte der Kämpfer für die Kirche und ihre Rechte noch einen bitteren Streit führen und den Leidenskelch, welchen eine kirchenfeindliche Partei in der zweitgrößeren Bisthumsstadt ihm bereitete, bis zur Neige trinken. Das dort erscheinende liberale Wochenblatt brachte nicht bloß eine erfundene Concilsrede des Bischofes Stroßmayer, sondern erging sich auch in einer Fluth von Schmähungen gegen das Dogma von der Unfehlbarkeit des Papstes; und was das Herz des Bischofs Feßler besonders verwunden mußte, geberdete sich jenes Blatt gegenüber den thatsächlichen Berichtigungen, die es erfahren, so roh und verbissen, daß es sogar die Wahrheitsliebe des Diöcesan=Bischofes in Frage zu stellen wagte!

Am hl. Ostersonntag hielt Bischof Feßler das Hochamt und die Predigt. Er predigte von der Auferstehung der Todten. Das war die letzte Predigt. In der folgenden Osterwoche machte er im Interesse einer zu veranstaltenden Conferenz der österreichischen Bischöfe eine Reise nach Linz, dann nach Wien und nach Prag. Von dieser Reise kam der edle Kirchenfürst ganz erschöpft am weißen Sonntag Abends heim; man bemerkte, daß er den rechten Fuß nur mit Schmerz gebrauchen konnte.

Das Uebel mit dem Fuße minderte sich über Nacht nicht, es nöthigte ihn, die folgenden Tage auf dem Zimmer zu bleiben und den Fuß in vollkommener Ruhe zu erhalten. Doch ahnte weder der Leidende, noch sonst Jemand eine nahe Gefahr. Dr. Schroff aus Wien erklärte das Fußübel für eine Venenentzündung, und erlaubte bei horizontaler Lage des Fußes dem darnach verlangenden Patienten geistige Beschäftigung. Am 20. April erhielt der leidende Bischof ein **Handschreiben vom hl. Vater**, das ihn so erfreute und beglückte, daß er sich „wie mit einem Ruck" gesund wähnte. Doch die Geschwulst des Fußes blieb; am 25. April aber fiel sie, der Puls ging normal, das allgemeine Befinden war gut und der Doctor gestattete dem hohen Patienten auf mehrere Stunden das Bett zu verlassen. Gegen fünf Uhr Nachmittag ließ er sich das Schreibzeug ins Schlafzimmer bringen und schrieb einen Brief an S. Eminenz Card. Rauscher. Da nahm ihm so zu sagen der Tod die Feder aus der fleißigen Hand; der Brief ward noch zu Ende geschrieben. Es befiel ihn plötzlich ein großes Unwohlsein; da er die eintretende Todesgefahr merkte, so verlangte er die letzte Oelung und kaum als er sie erhalten, begann der Todeskampf; unter den Gebeten der Commendatio animae, welche Canonikus und Dompfarrer Dr. Binder (jetzt Bischof und Nachfolger desselben) verrichtete, verschied der theure und geliebte Oberhirt!

Die Bestürzung, welche die Kunde von dem unerwarteten Ableben des Bischofes in der Stadt hervorrief, läßt sich kaum beschreiben. Mit der Trauerklage, welche das Sterbeglöckchen und sämmtliche Glocken der Cathedralkirche verkündeten, vereinigte sich die Klage und das Weinen von Geistlichen und Laien, die den Verblichenen wie einen Vater liebten. Die ganze Diöcese wurde durch diese Todesnachricht in Trauer und Schmerz versetzt. Nach allen Richtungen verbreitete sich durch den Telegraphen die erschütternde Kunde. Ueber den Eindruck, welchen diese Trauernachricht auch selbst in Rom gemacht hat, schrieb Monsig. Montel: „Der heil. Vater, Cardinäle und Prälaten sind tief „bestürzt; ein Jeder weiß die Größe des Verlustes nicht bloß „für Oesterreich, sondern auch für die ganze katholische Kirche „zu beurtheilen. In Aller Augen sind Thränen." Der Hochwürdigste Bischof von Linz nannte den Verstorbenen seinen

„allertheuersten Freund" und schrieb: „Der Hinübergegangene war ein gelehrter, frommer, eifriger, thätiger Bischof, all' dieses im höchsten Grade, dabei ein warmer österreichischer Patriot und durch seine literarischen Werke und seine Stellung zum Vaticanischen Conzil ein Mann von der größten Bedeutung für die gesammte Kirche Gottes. Doch gerade die Eigenschaften, die den Verblichenen so Unzähligen theuer machten, und daher seinen Verlust so schwer erscheinen lassen, sind auch der Grund unsers Trostes an seiner Bahre, an seinem Grabe. Gott hat in seinem Diener der Arbeiten genug gefunden. Ein Mann wie Feßler kann plötzlich aber nicht unvorbereitet sterben, sein ganzes Leben war eine Vorbereitung zum Sterben."

Das feierliche Leichenbegängniß fand am 29. April, am siebenten Jahrestag der Introduktion des Hochseligen, Statt. Se. Eminenz Card. Fürsterzbischof Rauscher von Wien führte den Condukt und hielt das feierliche Requiem. Auch die Hochwürdigsten Herrn Bischöfe von Linz, Brixen und Sekau begleiteten ihren verewigten Freund zur Ruhe. Die Trauerfeierlichkeit dauerte bis gegen 1 Uhr Mittags; die Theilnahme aller Stände und Classen war eine enorme. Erst um 4 Uhr Nachmittags wurde der theure Sarg in die Gruft unter dem Presbyterium der Domkirche beigesetzt. Da ruhen nun die irdischen Ueberreste des in der ganzen katholischen Welt rühmlichst bekannten Bischofs und Sekretärs des allgemeinen Vatican. Conzils, des eilften in der Reihenfolge der Bischöfe von St. Pölten.

Bischof Feßler war ein treuer Sohn der heiligen Kirche, kindlich anhänglich dem heil. Vater, ein unerschütterlicher Vertheidiger der kirchlichen Rechte, ein Mann des Glaubens wie Abraham, ein Eiferer für das Gesetz Gottes wie Phinees, im Gebete ein Jeremias und ein eifriger Diener der allerseligsten Jungfrau. Er war ein großer Patriot, ein kluger Diplomat, ein Muster der Ordnung, ein Schatz von Gelehrsamkeit, ein Vater der Armen. Die Lebhaftigkeit des Temperaments verursachte der Sanftmuth öfter einen schweren Kampf, aber durch Gebet blieb die Tugend Siegerin; wurde er etwa von der Aeußerung der augenblicklichen Stimmung übereilt, so fehlte ihm nicht die Demuth, in der man seine Schwäche erkennt. Auf die Beobachtung der kirchlichen Rubriken sah er genau bei sich selbst und bei den Priestern. Ob auch groß an Geist, so wendete er doch nicht geringere Sorgfalt selbst den scheinbar kleinsten Angelegenheiten zu. Für das Wohlergehen der Hohen und der Niedrigen, der Reichen und Armen war er gleichermaßen besorgt, und er bekümmerte sich um eine arme Familie ebenso angelegentlich wie um seine Hausgenossen. Grobe Behandlung der Armen, mochten diese auch sehr zudringlich sein, sah er fast wie eine Beleidigung seiner eigenen Person an. In der Strenge gegen sich hat er nicht viele seines Gleichen; waren die Wintertage noch so kalt, er bediente sich keiner besonderen Schutzmittel dagegen. Im Umgang mit Anderen imponirte er durch milde Festigkeit und freundliche Ruhe; dabei war er so sehr Meister seiner innern Bewegung und Gefühle, daß er, selbst wenn ihm Jemand etwas Beleidigendes sagte, nicht im Mindesten sich affizirt zeigte; beispielsvoll war seine Pietät für Eltern und Wohlthäter, warm seine Fürsorge für die kirchlichen Diöcesan-Institute (das bischöfliche Knaben-Seminar und das Taubstummen-Institut setzte er zu seinen Erben ein, dem Clerical-Seminar vermachte er seine reiche Bibliothek); kurz für jegliche Pflege des Guten war er besorgt; ein Beförderer des Heiles der Gläubigen, eine Zierde der Priester und Bischöfe. Die Worte der hl. Schrift dürfen von ihm gelten: „Sein Andenken erlischt nicht und sein Name wird wiederholt von Geschlecht zu Geschlecht. Seine Weisheit rühmen die Völker, und sein Lob verkündet die Gemeine." (Eccli. 39, 13. 14.)